商业新闻出版公司和轻松读文化事业有限公司提供内容支持

微创业 大未来

浓缩书编辑部 编

中国言文出版社

图书在版编目（CIP）数据

微创业　大未来：大字版/ 浓缩书编辑部编．—北京：中国盲文出版社，2015.12

（速读大师）

ISBN 978—7—5002—6949—6

Ⅰ.①微…　Ⅱ.①浓…　Ⅲ.①企业管理　Ⅳ.①F270

中国版本图书馆 CIP 数据核字（2015）第 319470 号

本书由轻松读文化事业有限公司授权出版

微创业　大未来

编　　者：浓缩书编辑部
出版发行：中国盲文出版社
社　　址：北京市西城区太平街甲 6 号
邮政编码：100050
印　　刷：北京汇林印务有限公司
经　　销：新华书店
开　　本：787×1092　1/16
字　　数：75 千字
印　　张：12.5
版　　次：2015 年 12 月第 1 版　2017 年 3 月第 2 次印刷
书　　号：ISBN 978—7—5002—6949—6/F・111
定　　价：28.00 元
销售热线：（010）83190289　83190292　83190297

出版前言

数字文明为我们求知问道、拓展格局带来空前便利，同时也使我们深受信息过剩、知识爆炸的困扰。面对海量信息，闭目塞听、望洋兴叹固非良策，不分主次、照单全收更无可能。时代快速变化，竞争不断升级，要想克服本领恐慌，防止无知而盲、少知而迷，需尽可能将主流社会的最新智力成果内化于心、外化于行，如此才能更好地顺应时代，提高成功概率。为使读者精准快速地把握分散在万千书卷中的新理念、新策略、新创意、新方法，我们组织编写了这套书。

这套书旨在帮助读者提高阅读质量和效率。我们依托海内外相关知识服务机构十多年的持续积累，博观约取，从经济管理、创业创新、投资理财、营销创意、人际沟通、名企分析等方面选取数百种与时俱进又经世致用的好书分类整合，凝练出版。它们或传播现代经管新知，或讲授实用营销技巧，或聚焦创新创业，或分析成功者要素组合，真知云集，灼见荟萃。期待这些凝聚着当代经济社会管理创新创意亮点的好书，能为提升您的学识见解和能力建设提供优质有效便捷的阅读资源。

聚焦对最新知识的深度加工和闪光点提炼是这套书的突出特点。每本书集中解读 4 种主题相关的代表性好书，以“要点整理”“5 分钟摘要”“主题看板”“关键词解读”“轻松读大师”等栏目精炼呈现各书核心观点，崇真尚实，化繁为简，您可利用各种碎片化时间在赏心悦目中取其精髓。常读常新，明辨笃行，您一定会悟得更深更透，做得更好更快。

好书不厌百回读，熟读深思子自知。作为精准知识服务的一次尝试，我们期待能帮您开启高效率的阅读。让我们一起成长和超越！

目 录

创业是个迷人的过程。“微创业”可以满足创业的快感，又可以避免创业可能带来的债台高筑的苦果，任何人都能试试看。网络时代让微创业变得简单很多，但“信息微创业”至少横跨了市场需求、网络技术和营销三个领域，应清楚了解市场需求，懂得架设网站服务，又要抓住营销力，不能忽视它的专业性与复杂度。

空谈与畏惧向来是创业成功的最大杀手。周五晚间轻松地展开创业计划，将多虑与迟疑抛在脑后，立即动手规划整合，就有机会通过周末的缜密流程，完成一个能够吸引创投资金的创业计划。通过选择合作成员，厘清营运模式，发展出产品或服务的原型，周末54小时的努力便可以激发创业的火花！

创业精神是可以传授的。想要打造及运作成功的新创事业，是有结构化和系统化的方法可循的。麻省理工学院发展出一套著名的成功创业的架构，包含24个可重复的步骤，并可归纳为6个关键主题，只要遵循麻省理工学院校友们缔造卓越成就的路线图，就可以提高你成就大事的机会。

作者历时 5 年，采访了 200 多位营收超过 1 亿美元的成功创业者，归纳得出创业 6 大技能。这 6 种技能并非独门绝技，也不是罕见天赋，每一种技能都能被开发和培养出来，所有人都能做到。6 大技能紧密协作，相辅相成，重新定义问题，给生活带来新的创意。这就是把小点子变成大事业的成功密码。

信息微创业

开创百万副业收入的蓝图

The Six—Figure Second Income

How to Start and Grow a Successful Online Business Without Quitting Your Day Job

原著作者简介

大卫·林多（David Lindahl），一位成功的房地产开发商，还创办了一家销售信息类产品、营业收入高达数百万美元的网络公司。他的不动产遍布美国各地，总价值已超过2.21亿美元。

乔纳森·罗杰克（Jonathan Rozek），专业企业管理顾问，同时擅长网络及实体市场营销。毕业于哈佛大学，在校期间同时学习了法语、俄语和汉语。从事分析及营销工作达20年，累积分析超过3000例投资个案。

本文编译：黄玩

主要内容

开创百万副业收入的蓝图

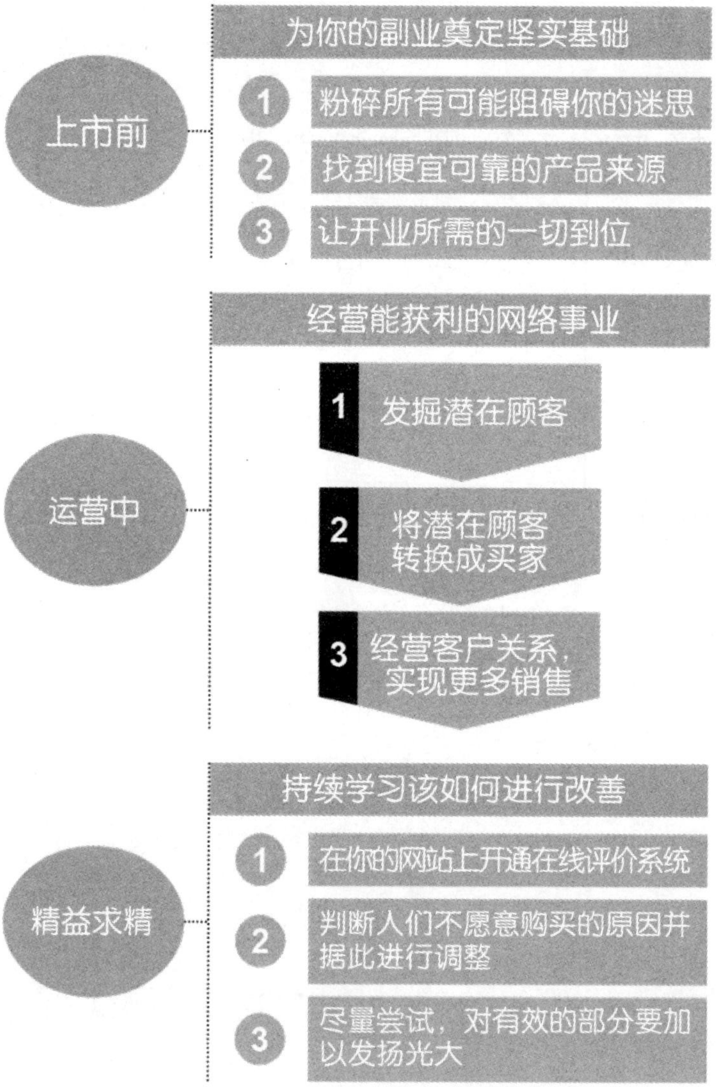

上市前

为你的副业奠定坚实基础

1. 粉碎所有可能阻碍你的迷思
2. 找到便宜可靠的产品来源
3. 让开业所需的一切到位

运营中

经营能获利的网络事业

1. 发掘潜在顾客
2. 将潜在顾客转换成买家
3. 经营客户关系，实现更多销售

精益求精

持续学习该如何进行改善

1. 在你的网站上开通在线评价系统
2. 判断人们不愿意购买的原因并据此进行调整
3. 尽量尝试，对有效的部分要加以发扬光大

互联网成功创业的真实秘诀

对于互联网创业应该如何才能成功的说法，不论它们是盘旋在你脑海中的或是由别人告诉你的，其中绝大部分都是由谎言、一知半解的内容、迷思和纯粹过时的信息所构成。要想利用互联网成功创业，你必须无视很多传统的看法和观点。

利用一些零碎的空闲时间，兼职打造一份收入高达百万元的副业，你完全可以建立自己的网络事业。对互联网创业而言，成功的真正秘诀在于你和你的顾客之间有真诚且直接的沟通，这份副业有可能为你带来百万的收入。

尝试互联网创业并让它成长，你必须在3个特定阶段采取不同的措施：

◎上市前——你应弄清楚要卖什么，组织好

你的资源产品并决定提供哪种递送方式。

◎运营中——你要学习如何获取准客户名单以销售产品，并凭借持续不断的销售，创造未来能快速上升的营业额。

◎精益求精——当一切就绪时，你就要认真学习如何把事情做得更好。

一　上市前

要成功打造能带来百万收入的副业，你必须坚决摆脱一大堆所谓的“传统看法”。你应该明确并直视前进的方向，然后一次走一小步，直至抵达目的地。

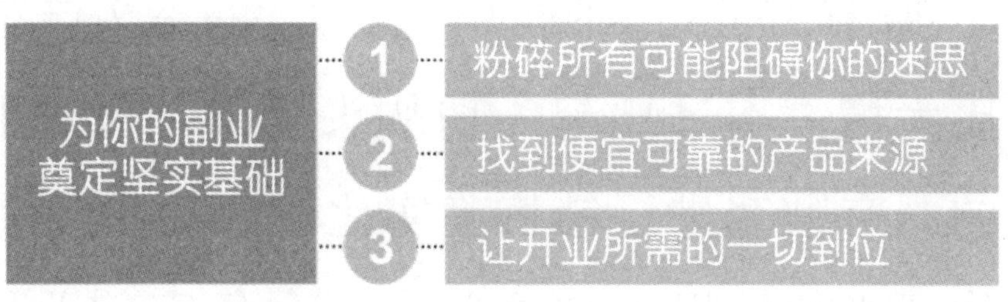

关键 1：粉碎所有可能阻碍你的迷思

当你开始利用闲暇时间打造副业，同时仍保有正式工作时，会有很多反对者告诉你这种方式不可能成功。他们会举出到处流传的那些一知半解的事情、迷思和过时信息来支持他们的观点。

如果你想要找个理由让自己试都不必试就放弃，下面随便哪一条都可以作为借口：

◎“你太年轻或太老”——这种说法忽略了网络是极端讲求价值的市场。

◎“你没有足够的时间或金钱”——这完全是过时的信息。网络既经济又快速便捷。

◎“目前市场不好，不景气”——这点没错，但即便如此，人们仍然会购买他们想要的东西。

◎“所有好点子都被用完了”——这点就显得荒唐无稽。不过比起一切从头开始，对一群有经验的既有顾客进行销售确实比较容易。

你还必须警惕下列这些真正会危害创业构想的事情：

◎被成就不及你理想目标的人和劝你不要做无谓尝试的人所影响。

◎有些人则认为自己可以不需任何努力，哪怕是坐在沙发上看电视，网络副业也会吐出钱来。

◎有些人会主张这类网络产物只是一时风潮，钱财仍要靠苦力取得才是唯一妥当的。

◎你坚持待在自己的舒适圈里，不想尝试任何改变，以免失败。

◎你认为“我的处境不一样”，其他幸运人士行得通的方法对你不管用。

◎你一直在追求“一笔大生意”，不愿意做眼前可能对你的未来有帮助的小事。

整体而言，要说服自己放弃利用空闲时间尝试创造百万收入的副业是容易的。但从另一个角度看，这种种的障碍、危险和迷思也是件好事，它们意味着你未来将面对的竞争会比原本应有的还要少。如果你保持开放的眼光，就会发现人生到处充满了机会和财富。你需要的只是运用某种方式把自己的兴趣转变成金钱，而网络正是实现这个转变的绝佳平台。

网络是极端讲求价值的市场：只要你有人们想要的东西，他们就会买。

如果你真的选择为自己着想，并决定努力谋取第二份收入，那么你所面临的第一个问题可能是：

我的第一个产品应该是什么？ → 信息产品 / 实体产品

除非你有渠道可以取得一种独特的产品，并且已经量产，只是等人来进行销售，否则你应以信息产品作为敲门砖。信息产品的优点十分引人注目：

◎信息产品的制作期以天为单位，而非月份。

◎你不需要接洽某个制造厂商。

◎你的投入很低甚至无须投入成本。

◎你可以不断地重复销售它。

在当前的时代里，小规模才是有潜力的新秀。原本大规模、缓慢且单一销售规格商品的模式，都逐渐由快速、灵活且完全依照顾客要求的

模式取代。对微型制造商和微型买卖业者来说，这实在是非常利好的消息。

关键 2：找到便宜可靠的产品来源

你可以创造许多类型的信息产品。至于可以基于哪些想法开发哪种信息产品，请深刻思考下列关键问题：

（1）我要用它解决什么样的问题？

或许可以以某件让你或朋友彻底感到挫折的事物作为出发点，然后想想你自己或别人可能拥有的解决方案。

（2）如何用行动展示我的解决方案？

最好的信息产品是可以被看见并感受到的。人们愿意为有效的解决方案慷慨解囊。

（3）我找到既有的解决方案了吗？

网络上是否有其他已经包装完成并进行销售的解决方案？

（4）我找到了哪些最佳资源？

信不信由你，人们就是会掏钱买你花费数月得出的研究成果。

(5) 我可以销售某些东西的组装说明吗？

只要你可以帮人们节省时间或免去麻烦，让他们快速解决手头的难题，他们就会愿意花钱找你帮忙。

可行的信息产品可能就存在于你日常的工作和生活之中。你只需留意观察自己遇到了哪些问题，以及人们会愿意为什么样的解决方案付钱。你的产品内容可能是：

◎ 你所用设备的快速使用指南。

◎ 初学者常犯错误的报告。

◎ 既有主题的衍生物。

◎ 厘清某些主题的常见迷思和错误概念。

◎ 为自己的嗜好或兴趣建立初学者指南。

◎ 种植方法的报告。

◎ 一些如何赚钱的创意。

◎ 测试及比较不同产品的消费者报告。

在你投入相当多时间准备自己的信息产品之前，你应该就同样的主题搜寻其他人已经整理好的产品。不要像鸵鸟一样把头埋在沙里，假装看不到或忽视其他产品的存在。当你完成这项竞争性调查，得到的结论可能是目前相关领域已供给过多，你应该另觅他途，也可能是你的产品有独到之处。不论是哪一种，越早得出结论越好。

关键3：让开业所需的一切到位

当你选定自己相当了解的某项主题，也决定推出自己的第一个信息产品后，你就要开始思考如何包装自己的产品并进行销售。

这件事听起来有点难度，但它只需要3个步骤：

（1）取得你的原始素材——这不见得特别困难。你可以运用各种不同的方法创造素材：

◎录制你和某人的对话。

◎采访人群并制作访谈稿。

◎录制研讨会或你发表的简报。

◎在使用电脑做某件事时准确截屏。

◎录制网络视频。

◎用键盘记录自己的想法。

（2）编辑素材——对自己的信息产品发展方向建立一份纲要，然后进行素材的剪贴，直到你得到符合该思考架构的详细内容。把产品合理分组，让所有信息都变得生动有趣。努力取得更多信息，这样你在进行取舍时才能够精挑细选。切记：你的纲要会随着计划的进展而演变，所以你要准备随时对纲要进行修改调整，尽可能多修改，直到一切都完美流畅。信息产品总是不断演进的，它们会随着一代接一代的版本升级而变得更好。进行时，请谨慎储存工作备份。

（3）包装你的素材以供上市——这个听起来容易，但是市面上可以用来传递信息产品的方式已经达到令人眼花缭乱的程度。

你可以用下列方式包装你的信息产品：

◎印刷品——特别报告、在家自学课程、书籍；

◎声音——光盘、网络传送的内容、免费电话；

◎影片——研讨会、影音光盘、现场活动录像；

◎网站——PDF文件、软件、MP3档案、播客；

◎现场节目——网络转播、研讨会、活动、巡回演讲、讨论会；

◎持续性订阅——电子杂志、会员专案；

◎服务——顾问、咨询、视频会议、个人指导；

◎移动设备应用程序——供iPhone、iPad、Kindle使用。

在思考如何包装素材的同时，你也会更清楚地发现，可以将主题区分为不同层级，组合出不同的信息产品，如：

◎入门产品——给完全是新手的客户。

◎专业产品——给具备基本知识的客户。

◎顾问级产品——给想从事这个行业的客户。

◎专家级产品——给有兴趣的客户。

当你确定了自己第一个产品的来源及包装，不论是实体物品还是信息产品，接着就应该宣告你已经准备好即将开始销售。

在此之前，必须让一切妥善就绪，即具备7项基本要件，这样你才可以开门做生意。

（1）为你的新事业注册域名。名称要一目了然，不要耍噱头。域名别采用时髦的词汇，直接说明自己能给顾客提供什么帮助即可。有很多好域名都还没有被人使用，你可以用Google搜寻域名的注册业者，找一家来注册你的域名。

（2）安排网站的主机代管服务。这项服务每个月只需花费三四美元，或是再稍高一些。避开

那些“免费”的网站主机代管服务，它们全都有太多的陷阱。

(3) 决定网站的设计。对于这项工作，你可以选择自己做、找工作室设计或是使用主机代管业者提供的工具。

(4) 掌握网页编辑工具。随着你的经验增长，它可以帮助你把自己的网页调整到最佳状态。

(5) 找到优秀的档案传输工具。它可以让你在自己的网站传送及接收资料。你可以在网上搜寻免费的 FTP 工具。

(6) 设置网络收费的方式。最简单且最快速的方法是建立一个独立账户，然后立即就能在自己的网站上接受客户付款。你也可以接受支票及现金订购，找信用卡处理业者设定你的个人商业账户，或是通过服务厂商设立付款工作的入口。

(7) 设置电子邮件系统。这样你就能得到顾客信息、处理订单及提供资源。商用电子邮件系统和基本的家用电子邮件工具是不同的，前者让你可以对邮寄名单中的对象寄发追踪邮件，而未来你会希望把这种名单累积到数万个或是更多。如果你用家用电子邮件工具进行这项工作，就可能会被标记为垃圾邮件发送者，然后发送不出任何信息。

这 7 项开业准备的步骤乍看之下可能十分复杂，但其中没有任何一项是要求必须具备专业技能的，你只需用自己的方式加以完成即可。你必须让一切到位，然后才可以持续前进。如果你拥有某些资源，也可以把部分步骤外包给其他人处理。许多网络公司对这些工作都十分熟练，你可以设定专门预算，找到可以帮你处理事情的人，然后付款给他们。

当你完成网站的建置之后，未来你就能够更加快速且有效地做更多的事。你也可以帮助其他人完成这些步骤。

二　运营中

网络上的买家并不在乎你的身份和年龄，他们只在乎你能够为他们做什么。这或许是一种自私的现实，但是它对你来说是有利的。罗杰克在14岁的时候，就创造了他的第一个信息产品。他在全美销售这个产品已经有许多年了，从来没有人问过他的年龄。年龄这件事一点都不重要。

要开创带来百万收入的副业，你必须经营能获利的网络事业。这项作业可以分解成3项基本业务程序，你必须持续妥善地进行操作。

程序1：发掘潜在顾客

在第一个阶段，重点是让人们举起手，表达

他们对你的产品有兴趣。但你无需使用那些自吹自擂和卖弄噱头的花招。

同时，你还必须清除一些根深蒂固的迷思：

◎“网站流量是唯一关键”——这是一种随意评估人们对你有无兴趣的方式。网站流量与销售量无关。要得到流量很容易，但是你追求的是利润，让适当的人有机会认识你才是重点。

◎“有某种足以扭转战局的秘技存在”——这是一种十分荒唐的说法。噱头顶多能产生暂时性的效果，但很快就会消失无踪。如果你的事业要靠噱头才能够成功，那么当噱头消失的时候会发生什么事呢？

◎“关键在于每一笔准客户的取得成本”——这同样也是没有根据的说法。商业讲求投资回报，与其用较低的成本取得许多无法产生任何交易的无效客户名单，不如多付一些钱取得能够成功达成交易的准客户名单。切记：你要吸引的是潜在确定的准顾客，而不是一大串毫无意义的人名名单。

对网络事业而言，为你的产品发掘潜在客户的最佳方式，就是给他们提供一份产品样本。你不需要大声吆喝，而是要不动声色地树立起产品的高品质形象，提高你作为信息供应商的可信度。

有效取得准客户名单的方式包括6项要素：

1. 向目标观众传达有价值的信息
2. 引导人们到特定的入口网页
3. 强调人们来对了地方
4. 提供更多人们会喜爱的信息
5. 说明这里还可以提供更多内容
6. 取得他们的详细资料建立准客户资料库

（1）向目标观众传达有价值的信息——锁定某个狭窄且十分具体的利基区块。通过这样的方式，你的付出可以得到精确和实在的回报，不至于流于空泛和模糊不清。你希望接收者觉得：“你看，这个人知道我遭遇的痛苦，他自己一定也遇到过同样的状况。”

（2）引导人们到特定的入口网页——在你的网站建立一个特别设计的入口网页，让属于该特定利基的人有宾至如归的感受。每个利基都需要自己专属的入口网页。人们总是比较喜欢和专业人士进行交易，而非通才型的业者。

（3）强调人们来对了地方——强化网页的标题、图片和其他元素，让访客能够立即确认这些内容是有帮助的。

（4）提供更多人们会喜爱的信息——而且是在你要求他们购买之前。不要过于迫切和急于求成。通过给网站访客提供更多的点子、案例和样品，强化彼此间已经建立的联系。通常状况下，因为你提供了这么多高品质的信息，客户们会觉得：“哇，他们提供的免费产品都这么有价值，那么那些收费的内容一定更不得了。”

（5）说明这里还可以提供更多内容——如果他们愿意提供详细的联络资料，便可以提供更多

信息。记住，这时你还不能进行销售。反之，你要提供更多后续资讯，并且强调你特别注重保护客户隐私和个人资料。

（6）取得详细资料建立准客户资料库——当访客提供自己的联络资料后，便把资料转入资料库，并且导引他们到某个“欢迎”页面，表示感谢并确认已经收到他们的联络资料。

在某种意义上，网络销售就像是向某人求婚，第一次约会就求婚成功的可能性是基本不存在的。首先你要了解对方，接着建立联系并加以经营，然后才提出这个问题。同样的道理，立即尝试销售表现出你是一个缺乏经验的网络业者。要突显自己，你应该表现的是对人有所帮助而不是急于销售。

第一个业务程序的准客户名单通常来自如下几个方面：

◎采用关键字广告或其他类似方式，按点击次数计费的广告。

◎在其他网站刊登广告。

◎让你的网站在搜索引擎中排名靠前。

◎就你专长的领域撰写文章，提交给搜索引擎或网络杂志。

◎利用网络社交媒体提高知名度。

◎撰写博文或上传影片到网站。

◎通过网络拍卖或分类广告进行销售。

◎在本地或社区报纸刊登广告。

◎进行直接邮件广告活动。

程序2：将潜在顾客转换成买家

让人们购买你的信息产品——或是世界上任何一种产品或服务，有一件平凡却深奥的事实是：你的任务就只是吸引注意和说服对方，仅此而已。你不可能在还没有得到他们的注意之前就想说服他们。只得到注意也是不够的，他们可能听进你讲的每一个字，但是如果你没有说服他们购买的话，一切仍是徒劳无功的。

你已经得到准客户名单，人们也对你提供的商品表现出兴趣，这是不错的状况。但你还必须把他们的兴趣转换成交易。

在这个阶段，最容易犯下的7个错误是：

（1）误认为大吼大叫就可以得到注意。没有效率的业者以为，如果自己对潜在客户喊得足够用力或足够频繁，他们最后就会买单。这种方式显然适得其反。你应该和他们进行对话，而不是表示只要他们购买你就会闭嘴离开。

（2）尽可能地大肆吹嘘。有些业者为了卖东西什么都敢说，他们对产品的夸大到了无法无天的地步，广告也因为遍布空洞且言过其实的话语而显得十分怪异。而事实是，你的宣传花招愈少、引用的真实观点愈多，你最后完成的交易也会愈多。

（3）以自我为中心而不是以客为尊。没有效率的业者总是把自己有什么挂在嘴边，这是非常无趣的事。顾客在意的是你会专注于他们的需求，并针对他们的问题提出解决方案。所以，请忘掉自我宣传，将客户观点和客户需求置于首位。

（4）太快要求付费购买。没有效率的业者会在顾客认知商品时，立刻要求顾客购买。好的业者则是先了解人们的需求，并深入分析这些需求。因此，在你谈及可能的解决方案之前，请先努力了解目前困扰客户的问题。

（5）没有感召力的呼吁或设定期限。能力不足的业者会和潜在客户聊聊，然后就希望他们决定购买。机灵的业者知道人们非常容易分心，所以会在他们心理印象或感觉还新鲜时鼓励他们采取行动，也会在设定的时限之前，直接呼吁他们立即采取行动。聪明的业者也会奖励采取行动的客户。

（6）捏造或假装紧缺稀有。没有效率的业者通常都会说因为数量有限，所以你应该立即订购。他们甚至会进行倒数："现在只剩下最后153……86……25……3件了！欲购从速！"因为你卖的是电子产品，明显有能力批量生产或重复生产，客户会很清醒断定这是一场骗局。如果业者用这样的骗术来引诱顾客购买，那么这个产品一定有问题。

(7) 诉求大众而非个人。能力不足的业者会和"你们所有人"、"大家"、"你们当中许多人"等对话。聪明的业者则只和阅读说明资料的个人客户进行沟通，他们不会对一般大众喊话。杰出的业者会和需要解决某个问题的特定个人进行单独对话，并达成更多的销售。

以上就是你不能把潜在客户转换为真实顾客的原因。与之相反，确保你提供给任何一位潜在顾客的资料都能回答下面8个关键问题，才是最有效的做法。这也是客户在付钱之前，都会考虑答案并影响决定的8大问题。

1. 我为什么要停下来听你说?
2. 我为什么要阅读全部内容?
3. 你还有其他什么东西，而它们又可以帮我什么忙?
4. 你的解决方案为什么比其他任何方案好?
5. 我为什么应该相信你的主张?
6. 我要花多少钱?
7. 我有什么风险?
8. 我付钱给你之后，会发生什么事?

（1）我为什么要停下来听你说?

大家都很忙。顾客有太多事要做，你唯一的应对之道是在瞬间让顾客做出哪些东西值得阅读、哪些是垃圾的决定。如果你上来直接就说“买我的产品吧”，顾客是不可能把时间浪费在你身上的。相反的，如果你谈起一件让顾客很感兴趣的事，他们就会接受你。找到方法，让和你对话的人产生兴趣。

（2）我为什么要阅读全部内容?

绝大多数人在阅读某个文件之前，会先花10秒钟决定自己是否需要把它全部读完。没有价值

的推销信函都把时间浪费在解说赠品、产品和价格上，而这些都是无关紧要的事。反之，你应该一开始就坦诚表明自己要做什么。“在你读完这封信之后，你就会了解我们研究出来的3项具体方法，可以用来加快你的事业发展。”通过用专业语言描述共同目标，列出读者（客户）的关注焦点，立即表明你在设身处地为读者着想。

（3）你还有其他什么东西，而它们又可以帮我什么忙？

要具体说明，目前你所分享的内容只是你想提供给他们的全部专业资料和技巧中的一小部分而已。比如，你可以提供类似细节说明：“我使用了一整个章节，说明你该如何把你的爱普生打印机恢复成出厂时的全新状态。所有动作被分解成14个步骤，大约需要半小时的时间。这项程序的简单程度，将会令你感到惊喜。”不要叙述功能，要说出结果。

（4）你的解决方案为什么比其他方案好？

业者称此为打造你的独特卖点。你必须说明为何你的方案比市面上其他所有产品都要好。如果你能用聪明的方式宣传自己的独特卖点，你就不会碰到直接的对手。

（5）我为什么应该相信你的主张？

这个世界充满了被过度宣传的商品，人们也被这些夸大宣传搞得精疲力竭。俗话说，空口无凭。你必须加入许多有说服力的证据，支持自己的主张。

◎要具体陈述，不要笼统。如：“我花了 18 个小时访谈分布全国的哈雷摩托顶级经销商，了解他们个人如何驾驭自己的座驾。”

◎利用顾客的证言，详细说明实际达到的效果。

◎引述其他专家的说法——借助他们的名声和影响。

（6）我要花多少钱？

当你去一家单位实习，至少要等到公司确定

雇用你之后，才开始讨论薪酬问题。如果你一进去就立刻询问他们愿意付多少薪水，你很快就会被踢出去。同样的道理，如果你上来就先在营销素材中加入有关价格的详细资料，人们也会立刻中止和你讨论。只有在你适当处理了前面提到的5个重点之后，你才能开始讨论价格。要用价值而不是价格来竞争。方法是：

◎传达正确信息。着力强调购买你的产品是对教育的投资，它会让客户得到更好的工作、更棒的未来和更多的成就。

◎考虑推出不止一种版本的产品，比如推出完整版和高级版。有些人总是想买最好的产品，认为额外的投资一定会有所回报。客户都认为自己的问题是独一无二的，因此愿意为量身定制的解决方案欣然付费。

（7）我有什么风险？

这是潜在客户的最后防卫机制，他们想知道万一失望的话怎么办。有的公司的退货规定是：

“我们的产品保证各方面都能让你百分百满意。如果事实并非如此，任何时候都可以把向我们购买的东西退回来。我们不希望你在我们公司买到任何不满意的产品。”你也应该提供类似的保证，让潜在顾客能够放心。

◎让你的保障成为竞争优势：“我们不会耍花招。从这份指导手册得到的价值一定会让你感到高兴，并且觉得自己付出的每一分钱都值得，否则你可以退货，我们会无条件立即全额退款。”

◎提供的产品保证期限至少要有 90 天，最好是一年。这种方式所提升的销售额，将足以抵销那些想占你便宜的人造成的损失。

◎利用你的保证再次阐述那些优点：“打开我的工具包，试试里面说明详细的数十种技巧。你会不禁奇怪为何你在整个职业生涯中都未曾发现它，而且感到光是检查表本身就让你有所收获。或者，你可以要求全额退款，无需任何理由。”

（8）我付钱给你之后，会发生什么事？

这个时候，客户正面临抉择，他们或是对眼前的问题顽强抵抗，或是投资你所提出的绝佳解决方案。你要在这个时候鼓励他们试用你的产品，让他们自己发掘它所提供的帮助和价值。重申你产品的优点，展望美好未来，鼓励客户事不宜迟，现在就采取行动。这就是你应该做的。

程序3：经营客户关系，创造更多销售

在你开创百万副业收入的过程中，90%的成功来自避免犯错和采取正确步骤。这些步骤当中最具意义的，就是领悟到当你和一个新顾客做成生意，并不是一笔赚钱交易的结束，而是一段获利关系的开始。顾客联系是从第一次销售之后开始，而不是之前。

事实上很少有公司会追踪它的顾客，如果你这么做，你的顾客会对你刮目相看。而且不仅如此，这些顾客还会继续购买你未来推出的产品。

他们也可能会跟别人交流从你那里得到的绝妙体验。因为你已经建立了一个忠诚的客户群，他们会帮你说话，未来进行销售就会轻松很多。

你或许以为自己最有价值的资产就是你的信息产品，其实并不是——作为一位提供信息的业者，你的客户名单才是你最有价值的资产。你会为了一些钱把你的客户名单卖给某个不知名的业者吗？当然不会，因为这样会伤害你和客户的关系。因为你曾经细心搜集和整理分析这份客户名单，如果你之前的做法正确，名单上的这些人会相信你具有该领域的专业知识，或许他们已经为你推荐业务。凭借你的产品和服务，坚持下来，你应该可以从他们身上得到长期的稳定收入。一旦你把名单出售，你就不会再掌握这种关系了。

对于一份网络事业来说，电子邮件是强化关系的最佳工具。从商业的角度来看，商务邮件有2种不同的应用方式：

（1）广播模式——对通讯录上的每个人传达

一些有趣的新发展。

（2）自动回复模式——在某项动作启动之后，自动寄出一封预设的电子邮件。

自动回复功能特别具有效果。你可以设定客户在执行下列动作时，就自动寄出一封电子邮件：

◎购买产品；

◎申请加入某项在线服务；

◎试用你的产品或服务。

自动回复系统是信息产品业界不可或缺的要素，搭配产品试用特别有成效。你可以设定自动回复的功能，当有人首次申请加入时寄出一封电子邮件，接着在几天后再发出一封追踪邮件，内容可以是："一切进行得如何，你有时间把它安装好吗，有任何问题吗?"然后，在大约一周之后，自动回复系统再寄出另一封电子邮件，提供某些特别的购买方案等等。这一切都不需要额外手动处理——就像是一种设定完成就不必再管它的连续性营销。

电子邮件很显然还没被淘汰，现代社会仍然相当依赖电子邮件。根据普尤研究中心对互联网及美国民众生活计划的研究，美国的网络使用者中有90%曾经收发电子邮件，57%的人则是天天使用电子邮件。

想持续且成功地运用电子邮件来经营与客户间更稳定强健的关系，有4个诀窍：

1. 积极地持续切割出更小的利基区域
2. 尽一切可能鼓励消费
3. 成为客户收件箱中受欢迎的访客
4. 进行真正的双向沟通

（1）积极地持续切割出更小的利基区块——找到更新且更精确的方法，将你的通讯录分割成更小的区块。当你完成之后，你就可以寄送电子邮件给每一个不同的群组，提供更符合他们特定需求的产品。你可以更专注于他们热衷的东西，然后开发他们更可能感兴趣的方案。

（2）尽一切可能鼓励消费——因为大家都会分心。有时候他们购买了某个产品，却从来不曾有机会使用它。你可以将后续的电子邮件发送给买家，如：

◎ 如何使用产品的快速入门指南。

◎ 以定期的电子邮件持续提供使用小秘诀。

◎ 关于其他人使用状况的案例分享。

◎ 客户可以参与的使用者评鉴。

（3）成为客户收件箱中受欢迎的访客——可以提供具有真正价值的后续电子邮件服务，整理包含评论、新闻和其他产品方案的文件……要让客户觉得新奇有趣，让人们不断猜想你下一次会用什么来吸引他们的好奇心。借此让人们期待收到你的电子邮件，而不是把你当作垃圾邮件的发送者。

（4）进行真正的双向沟通——别只是向你的观众喊话，要直接邀请他们回应。你可以简单地提出一个问题，或是询问顾客如何别出心裁地使用你的产品，或是邀请每个人对你的下一代产品提出建议。然后把你得到的一些回应和大家分享。如果幸运的话，你还可以借此得到绝佳的新产品构想。同时也别忘记还有许多其他方法可以让你贴近顾客：

◎你可以每季度寄出一张明信片，上面有实用的秘诀和观点。当顾客看到你的名字和网站资料时，就会唤起他们的记忆，去看看你最近在做什么。

◎寄给顾客内容充实的免费电子杂志，持续为他们的购买添加更多的价值。

◎打电话给一些顾客，询问他们的意见。

三　精益求精

最后，你要努力的就是发展直线上升的获利曲线，方法是对自己事业的每个环节积极并持续地精益求精。精益求精要靠评量和测试，借着测试不同的构想找出最佳方式，学会如何在原本的网站流量下，让自己的利润加倍成长。

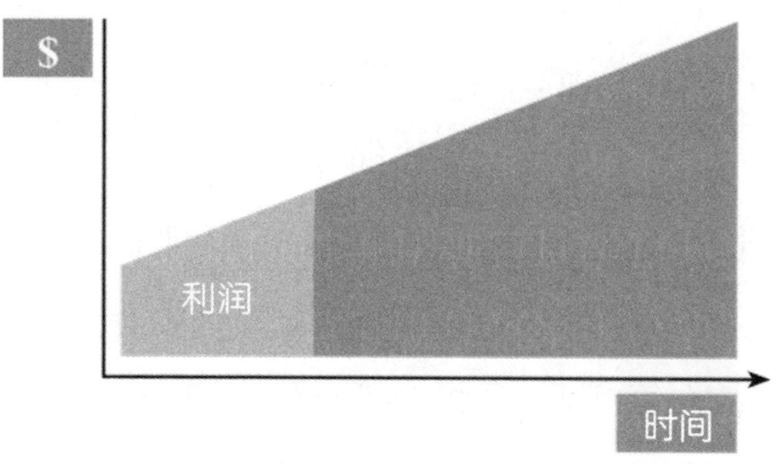

当你完成以下3件事，对自己网络事业的每个环节精益求精，直线上升的获利曲线就会产生。

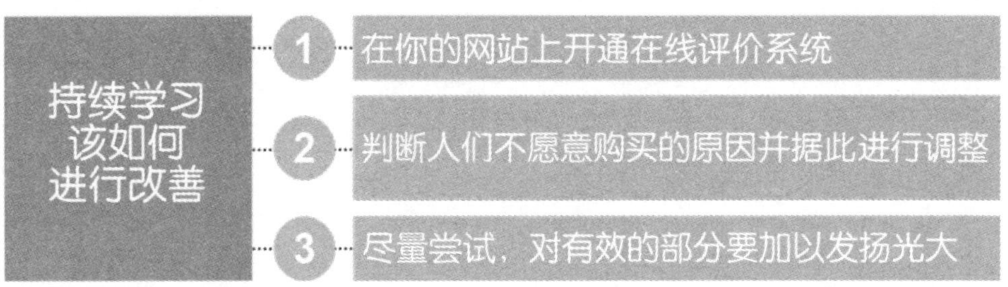

（1）在你的网站上开通在线评价系统——这是非常容易执行的。有效的分析程序和网络工具会追踪人们在造访你的网站时，点击了什么内容，浏览了哪些网页，以及阅读了多长时间等等。对于哪些是有效、哪些是无效的做法，这些工具提供了一些非常深入的信息。

（2）判断人们不愿意购买的原因并据此进行调整——这个动作也极其简单。你要检视准客户及顾客寄来的电子邮件，尝试了解他们没有购买的原因。你也可以安装免费软件工具，它可以让你在网站的每个网页提出问题并搜集即时回复。接下来你就可以专心找出人们目前不愿意购买的原因。原因不胜枚举：

◎他们的网络浏览器有问题。

◎你的价格太高。

◎他们的某个特定问题并没有得到解决。

◎你的退货规定不明确。

◎你的用语冒犯了他们。

◎他们需要更长的付款期限。

◎他们尝试订购却发生了错误。

◎你的订购流程不明确。

◎其他可能出现的各式各样的问题。

通过分析目前的状况，你就可以了解问题出在哪里并加以处理。如果你可以知悉客户没有购买的全部原因，弄清楚问题出在哪里，那么就能轻松地把你的成交率提高好几倍。如果目前网站的成交率是 1％或 2％，只要提高到 10％，你的副业就会十分兴隆。

（3）尽量尝试，对有效的部分加以发扬光大——听起来合理，但是营销人员几乎都不曾做过这件事。有各式各样的理论在探讨如何提升回应率。举例来说，你可以测试：

◎不同的产品价格。奇怪的是，更高的价格有时候反而可以带来更多的销售。

◎不同标题对销售的影响。

◎更多图片是否会提高网站的吸引力。

◎标题的最佳用语。

◎什么样的担保语言能吸引最多的人。

◎不同的运送费用对销售有什么影响。

◎可以附加在信息产品上的最佳赠品。

谷歌有个不错的产品，叫作谷歌网站最佳化工具，很适合用来进行连续的测试。你可以对同一个网页设计两种不同版本。这个工具会把 A 版本展示给某位访客，并把 B 版本展示给另一位访客。最佳化工具接着追踪谁最后进行购买，然后判断哪个版本胜出。学习运用这项工具可能要花一些时间，然后才能发挥工具的最大效果，但成果会是很惊人的。

用你的闲暇时间打造成功的网络事业并创造百万营收并非不可能。你绝对可以创造出便宜的

产品，让它日复一日、年复一年地持续为你赚钱获利。你只需要把宣传花招放在一边，专注在有用的事物上。

另一个重点是你必须采取行动去做该做的事，不要只是想象如果能建立不错的副业收入该有多好。如果你设定了一个目标，并许下承诺每周都要往目标前进一些，那么你最后就会成功。

关键思维

生命中有许多挫折是因为人们不了解当他们放弃时，离成功有多近。

——托马斯·爱迪生，发明家

善用网络开创事业

文/叶奇鑫

15 年前，我刚担任检察官的时候曾经读过一本书，大意是说：一个人如果要致富，必须有第二个甚至第三个收入来源。这本书让我印象深刻，事实上，我现在也力行这样的观念，除了经营一家信息安全公司和一家网络公司之外，我还成立了律师事务所，刚好 3 种收入来源。

不仅如此，我对于“微型”这两个字特别有感觉，在“露天拍卖”担任运营长的时候，我提倡“微型创业”，我认为把网络拍卖当成副业，不仅可以增加收入，还可以培养更灵敏的商业嗅觉。而现在我所经营的飞翔骆驼网络商城，则鼓励台湾地区的卖家“微型出口”。我认为台湾经济下滑，内需市场已经饱和，应该将有竞争力的商品，通过网络卖向亚洲其他更广阔的华人

市场。

15 年前网络产业才刚开始。物换星移，在网络时代，第二收入显然有了其他许多更好的选择。而这本《信息微创业》，刚好为身处网络时代的我们提供了一盏明灯。

解读 1：粉碎所有迷思

第二种收入不会从天上掉下来，一定要下定决心，挑战原本不熟悉的领域。而要下定决心，除了对金钱的渴望之外，还要有新的观念和头脑，才可能力排众议，走出不同的道路。

创业之前难免会犹豫，找几位亲朋好友讨论是很正常的过程，但那些亲朋好友中，有几位有过创业的经验呢？因为没有经验，他们的支持是基于幻想或意愿；他们的反对，则是基于对未知的恐惧；他们提出的理由和例子都对，但也可能都不对。或者就他们的状况来说是对的，但对您却不适用。亲朋好友当然都是出于好意，但听信他们没有实战经验的建议，又能对自己有多少帮助？

本书作者是实践过信息微创业的沙场老兵，他的话当然比亲朋好友的意见可信多了。他告诉我们，“你的年纪太轻或太老”、“你没有足够的时间或金钱”、“目前市场不景气”以及“所有好点子都被用完了”，这些通通都是迷思。打破这些迷思，您才有可能摆脱亲友意见的困扰，下定决心挑战微创业。

解读 2：网站经营技巧

现在人人都想在网上卖东西，但经营一个网站，需要很多技术方面的知识。这本书告诉我们许多信息微创业的重要技巧，例如：租用需要付一点点费用而不是免费的主机代管服务（或云端主机服务），这显然可以帮助您节省许多创业初期的开销。另外建立专门的付款账户也是很重要的，一个网站如果不能收款，怎么做生意？另

外，作者还推荐了一些网站设计、网域名称申请、电子邮件服务、流量分析工具、网页编辑工具等经营网站必备的经济实用的方案，这些网站运营的基本常识，却经常是信息微创业者感到最陌生的领域。但读完这本书，您会发现经营网站并没有想象中那么难，也没有那么贵。

解读3：保持与客户的沟通

这本书提出的与客户沟通的方法，值得大家特别注意。近年来由于电子邮件营销开信率极低(通常在0.5%到3%之间)，因此已经有人开始认为电子邮件不再是一种有效的营销工具，但作者却强调电子邮件营销对经营客户关系的重要性。作者反对不精准又烦人的垃圾广告信，建议我们要锁定潜在客户，精准营销，与客户进行一对一的交谈。还有千万不要忽视电子邮件自动回复模式，例如：当客户在网站上注册，应该要有一封自动寄出的电子邮件，告诉客户他已经完成注册，接下来应该做哪些有趣的尝试。甚至在客户购买一段时间后，自动发出电子邮件，询问客户“一切进行得如何？您有任何问题吗？”这种“连环式行销”可以大幅拉近客户距离，并给客户留下深刻印象。

解读 4：如何说服客户

本书作者也当头棒喝式地指出目前网络营销中经常出现的错误，例如：以自我为中心的自吹自擂，诉求大众而非个人，创造虚伪的稀有性（例如：限量 10 组），太快要求付费购买，误认为大吼大叫就可以得到注意等。看看您身边的广告，是不是很多都犯了类似错误？这些广告根本没有打动客户，白白浪费了宝贵的营销资源。

作者认为应该想办法回答客户的“8 大关键问题”，才能让准客户变成真正的客户：

（1）我为什么要停下来听你说？

（2）我为什么要阅读全部内容？

（3）你还有其他什么东西，而它们又可以帮我什么忙？

（4）你的解决方案为什么比其他任何方案都好？

（5）我为什么应该相信你的主张？

（6）我要花多少钱？

（7）我有什么风险？

（8）我付钱给你之后，会发生什么事？

以上 8 个问题真的非常关键，而且适用于所有行业的营销。

解读 5：信息微创业是一种副业

这本书最棒的地方，是它告诉我们这种可以进账 7 位数的方法，居然只是工作闲暇之余的副业。因为仍保有正职，所以不会孤注一掷，把所有经济来源押在一件事情上。

这让我想起 eBay 创办人皮埃尔·奥米德亚，他也是在工作闲暇之余，在家里用电脑架设了一个让大家交换物品，或出售家中不需要的东西的拍卖网站。而这个“副业”，后来居然成为市值数千亿的电子商务巨擘。如果皮埃尔·奥米德亚当时不是把架设拍卖网站当成副业，而是一开始就投入全部时间和资源，承担巨大的财务压力，那么 eBay 能不能成为现在的 eBay，恐怕是个大问号。因为只要创业过程中有一点周转不灵，eBay 这个点子可能就成为明日黄花了。

大家都想致富，但通常都只是“想”而已，很少有人身体力行，因为微创业虽然听起来如此迷人，但却又让人无比恐惧。这本书点破了许多迷思，让我们发现原来经营一个有可观收入的副业，并没有想象中那么困难。

创业是个迷人的过程，但真正创业成功的人，毕竟仍是少数。“微创业”可以满足创业的快感，又可以避免创业可能带来的债台高筑的苦果，任何人都可以试试看。

网络时代虽然让微创业变得简单很多，但毕

竟“信息微创业”至少横跨了市场需求、网络技术和营销3个领域，因此也不能忽视它的专业性与复杂度。

第一个也可能是最重要的一个领域就是“市场需求”，也就是我们必须判断卖什么样的东西或产品，才能得到市场青睐。市场需求（商品力）的判断并不容易，具有独特性的商品并不好找，而且实体商品还会有库存卡住资金的风险，因此贩售“信息”看来的确是更保险的方式。

第二个领域是网络技术。很少人能同时精通市场需求，又同时懂得架设网站服务，不过好消息是，这部分不一定全部要亲力亲为，可以参考本书的建议，选择适合自己的外包设计或租用网络服务。

第三个领域是营销力。营销之于商品，犹如火苗之于炸药。好的营销火苗点在对的炸药上，引发的爆炸力自然不同凡响。只是营销之火，船过水无痕者多，燎原之火则很少见。本书给大家的建议十分明确且正确，相信可以节省微创业者的成本和时间，同时避免犯错。

作者简介

叶奇鑫，中华龙网（台湾）董事长兼总经理、飞翔骆驼网络商城（台湾）创办人兼CEO、达芬奇律师事务所（台湾）主持律师

何不周末来创业

用 54 小时开一家新公司

Startup Weekend

How to Take a Company from Concept to Creation in 54 Hours

原著作者简介

马克·耐格（Marc Nager），周末创业（Startup Weekend，LLC）的共同创办人、董事及执行长。该组织是一个非营利性组织，在全球超过55个国家从事周末创业活动。他曾亲自参与了450多家企业的草创。毕业于南加州的查普曼大学。

克林·尼尔森（Clint Nelsen），周末创业的共同创办人，同时在斯坦福大学讲授创业课程。毕业于威斯康星大学白水分校。

法兰克·诺里格特（Franck Nouyrigat），周末创业的共同创办人，目前担任该公司技术总监。

本文编译：乐为良

主要内容

即知即行的创业团队

想要摇身一变成为创业家吗？其实没有那么困难，只要掌握两个重点：即知即行，以及创业团队。YouTube 创办人陈士骏只带着 200 美元就直闯加州硅谷展开创业，以行动实现了心中的梦想；阿里巴巴创办人马云不懂 IT 科技，却带领团队创下了网络霸业。

空谈与畏惧向来是创业成功的最大杀手。周五晚间轻松地展开创业计划，将多虑与迟疑抛在脑后，立即动手规划整合，就有机会通过周末的缜密流程，完成一个能够吸引创投资金的创业计划。

当然，你必须要有一群志同道合的朋友，大伙儿一起激发创业的火花。通过互相了解、选择合作成员，这个临时组成的周末团队就可以发展出产品或服务的原型，厘清运营模式，并且在周末即将结束时，向专家小组提出简报，得到检核与评鉴，你创业的第一笔资金很有可能就来自这个周末 54 小时之间的努力！

创业或许一点都不难，只要展开行动！

一场创业革命正在发生

创业家卡尔·施拉姆与史蒂夫·布兰克说：“未来，当我们回顾这10年（2010年至2020年），它所掀起的经济革命，将和16世纪的科学革命、18世纪的工业革命一样惊天动地且意义非凡。我们现在正站在创业革命的起点，它代表的不只是有更多技术本位的产品（虽然我们一定会因此受惠）；甚至，这是一场即将把我们熟悉的商业运作改头换面的革命；更重要的是，它将改变未来整个地球的生活品质。像周末创业这样的组织便站在这一突破性发展的最前线。”

周末创业是从基层崛起的运动，把技术、工具和网络带给最想为世界创造良性改变的人们。

周末创业就是利用周末这段时间，把一个构想变成可以经营的事业。避开漫长且昂贵的产品开发期，而是边做边学。周末创业的实务精髓如下：

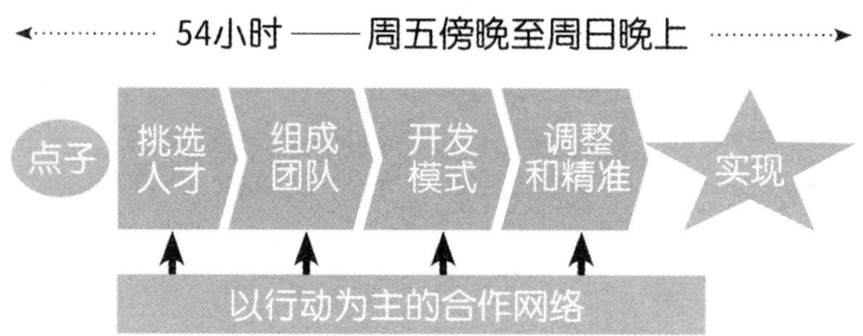

一　基本理念

利用周末时间，把一个模糊的概念发展成可以持续经营的事业，之所以可行，要归功于几项相互关联的科技发展。摆脱无休止的分析导致一事无成的窘境，取而代之的是让参与者选出点子并努力让它实现。周末创业法清楚表明一个创业黄金时期即将诞生。

周末创业的整体基本理念可以精简为两个概念：

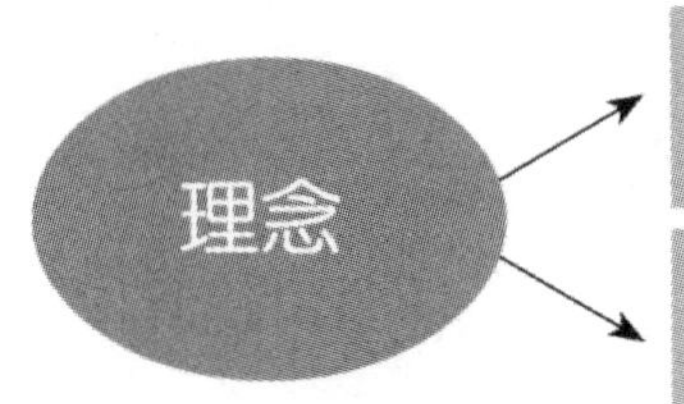

不靠“超炫”的点子——全靠对可行的点子做绝佳的执行

新创事业成功的关键就是选定一个构想并动手去做

早期的创业家在成立公司时有一定的模式，首先是坐下来撰写一份商业计划书，把一切细节分列清楚。接着开始募集资金、聘用人员，然后着手执行计划。周末创业则不写计划，而是选定一个点子，努力达成。并根据回馈意见，不断改进构想。你只管放手去做，任何点子都可能意外催生可行的新创事业。

要佐证这种方法的可能性，不妨来看看几个有关周末创业的统计数字，读起来很有意思：

第一场周末创业活动是在 2008 年由一家私人公司举办，每位参与者缴纳 40 美元。这场活动背后有几家企业赞助，由所有参与者合力完成一个专案，并且在周末之后都能拿到股票选择权。美国证券交易委员会对此大为光火。

2009 年春天，这家私人公司把经营周末创业活动的权利出售给周末创业公司，这是由马克·耐格、克林·尼尔森与法兰克·诺里格特三人创办的非营利组织。

2009 年，新成立的周末创业公司在旧金山以全新的模式举办了第一场周末创业活动。每位参与者缴纳 100 美元。

自 2009 年之后，周末创业活动已在全球 55 个国家举办了 300 多次。大约有 3.4 万人参加了周末创业活动，并因此成立了 850 多家新创公司。

今天，任何想举办周末创业活动的人，都可以自行牵头去做。周末创业活动的好处之一就是它们属于地区性的活动——所有参与者并肩共事，大家以后可能成为值得信赖的合作伙伴，或是成为供应商、客户等等。

周末创业很了不起的一点是，鼓励了那些过去可能从来没想过要自己创业的人放手一试。叫人花一个周末想出一个可行的经营创意，确实要比要求他们坐下来花好几个星期拟出一份商业计划容易得多。周末创业原则上要求的付出较少，因此人们更乐于参加。

人们参加周末创业的理由各不相同。有些人心里已经有了一个商业想法，他们把周末创业当作实现想法的工具。然而，这种情况有时会遭遇困难。万一你组建了一个团队，成员都认同你的点子，或至少认同部分想法，但对于执行的方式则有不同的认知，你要怎么办？想成为一名主动且有价值的周末创业成员，你必须信任你的合作伙伴，授权他们对你的构想做出讨论和决定。唯有那些在初期就针对创意做了充分讨论的团队，才有可能真正成功。愈早虚心听取意见的人，就愈有可能创业成功。然而，对于许多人来说，周末创业的价值在于参加活动时广结善缘，这些新建立的关系更胜于商业构想本身。在周末创业活动结束后，人们会善用这些关系，协助成立新公司，并在商场建立新的人脉。

周末创业得以顺利推展的另一个原因是创业的普及。换句话说，科技发展消除了过去伴随新创事业而来的诸多障碍：

◎产品研发周期大幅压缩。现在可以用非常经济且快速的方式做出原型。与 10 年前相比，

无论是数字产品还是实体产品，现在的开发成本已经降低到1/10。

◎创投活动日益普及。不再集中于硅谷少数几家精英公司，现在有更多不介入经营的天使投资人和创新育成者。种子资金来源的增长，意味着今后会有更多新创公司成立。

新创事业已被广为认知，它逐渐形成一门管理科学。人们不再把新创事业当成大企业的缩小版来经营，反而更清楚明白应该如何创业。更好的管理工具也随处可得。

二 以行动为主的合作网络

让周末创业得以运作的关键，就是打造一个以行动为主的网络合作氛围。你不必费力营造美好的印象，而是去专注发现和挖掘周围的人脉及他们的能量。参与周末创业的人都必须加入团队，并且做出实质的贡献。对参与者持这种要求，可以形成一种特殊的高活力低风险的环境，让创意才能可以尽情施展。

有些人进商学院的目的就是想结交一些人脉，但问题是在多数的社交活动中，人们都一心想要表现出最好的一面。如果你是想找人帮你将构想变成现实，创办自己的事业，那么更重要的是，你得清楚知道和你谈话的对方究竟有什么本事——这正是周末创业最独到的地方。

每个来参加周末创业活动的人都必须加入

一个团队。如果你有一个想要发展成事业的创意，可以试着利用周五晚上的公开发言机会，用60秒的发言时间，招揽一群想和你携手合作的组员。发言活动结束后，会选出20个“最佳创意”。如果你的创意获选，你就能组建一支团队，让那些挺身而出感兴趣的人协助你开发和完善构想。如果你的创意不在这20个最佳名单之内，你就得选择并决定加入其中一支团队。

周末创业的主要精神是要你与人相互串联，并从和他们一起工作中汲取经验，合力发展出一些成果，而不局限于只学到一些如何做事的理论，那只是绝大多数商学院的学习模式。经过整个周末与团队成员密切合作，你会十分清楚他们的长处、短处、干劲、竞争力、热情、才华及其他能力。在如此紧迫的时间压力下工作，每个人的本性都表露无遗。

以行动为主的合作网络，不仅能快速有效

地为创业者找到团队成员，还摒除了许多创业者面对的人为障碍。如以传统方式会晤潜在商业伙伴，往往选择的是与自己同校的校友，或是来自同一个地区的人。然而我们都知道，这些合作的理由都毫无道理可言。在周末创业活动的安排下，创业者能用的成员就是现场来的人。他们不能坐等好相处的人出现，他们必须找到可以合作的人，而且越快越好。

周末创业的另一个重要特点是，你可以选择一种非常低风险的方式找人创业。你做出的承诺不过就是暂时抛下平常没完没了的杂务，与团队工作一整个周末。活动一结束，如果你不喜欢与其他人合作，大可以拍拍屁股走人。

周末创业作为一种商业开发工具，低风险是促使它整体可行的重要因素。在实务上，周末创业是一种高活力低风险的商业开发环境。它迫使像你这样有抱负的创业者，走出自己的幻想，和与自己完全不同的人达成合作的关系。商场老手

可以证明，在一个专案上工作的人背景越多样，最后得出的方案就越像样。

周末创业活动开始吸引投资者与创业老手参加，这些人想看到下一件大事是什么（或者，更重要的是谁是明日之星）。投资者听多了全新经营理念的提案，他们怎么知道谁可以贯彻执行？首次创业且没有记录可供参考的人，很难让人优先考虑他们的提案。但是，周末创业活动让投资者目睹从周五晚上的一个八字还没一撇的构想，到周日晚上变成真正商业模式的过程——有时甚至真的成为一个事业。即使投资者不喜欢那个构想，他也可能找到一个未来愿意支持的对象。

周末创业的操作方式

周五	周六	周日
■以轻松的晚宴和简单的注册手续开始这个周末。 ■举办一个公开发言的活动，每个人有60秒的时间，可以上台发表想要发展成为事业的点子。 ■选出其中20个最佳点子，参加活动的每个人都加入团队参与开发。	■团队联手合作、集思广益、加强或改进产品与服务的构想。 ■团队利用这一整天时间，也要打造出一个最低限度可行产品，是既定产品或服务的实际原型。	■团队共同努力，根据构想打造一个实际可运营的事业。 ■周日下午5点，最后决选活动——用4分钟向专家小组展示原型和商业构想，并听取他们的意见。在展示活动最后，选出最好的点子。

三 挑选人才

想要实现好点子，就要有一流的团队。周末创业的第一个活动就是发表点子——每个人都有 60 秒的时间提出自己的构想，并吸引一组人马来实现它。

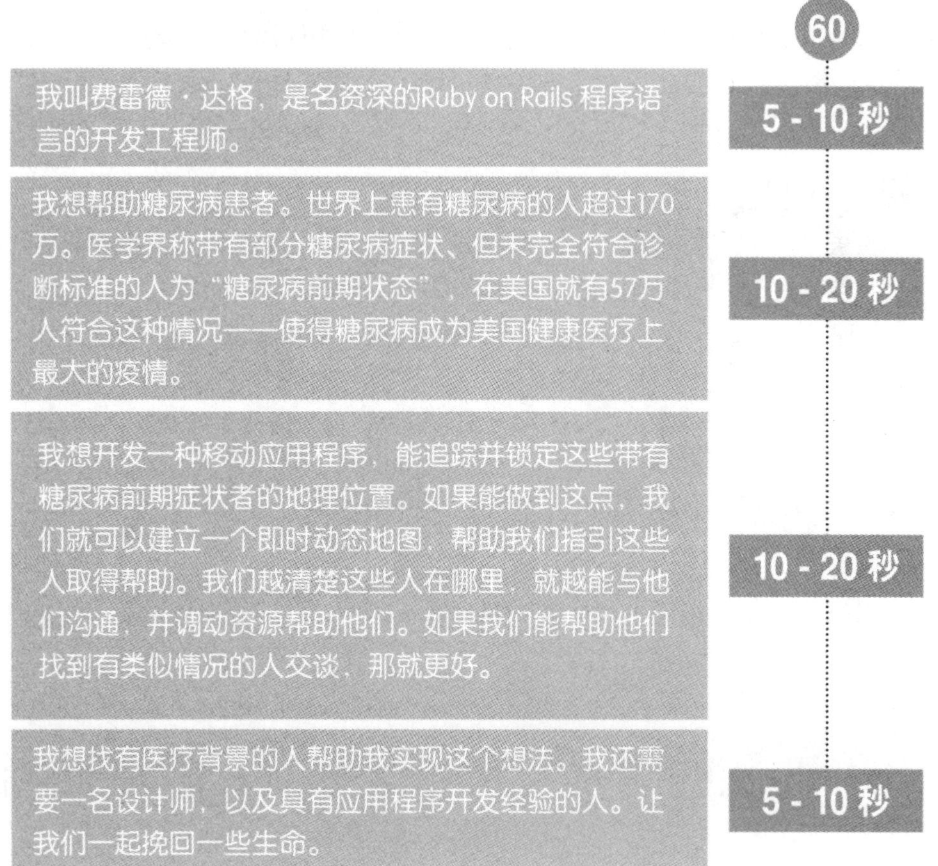

60 秒的发言机会，目的是挑选人才让你的创意成真——这种做法与你平常募集资金的方式显然不同。那么，在 60 秒内你可以说些什么呢？根据曾经参与周末创业活动，超过 3.4 万人的经验，最好的方式如上图。

尽管听众确实想要认识你或知道你是谁，但你只要简短说一两句就足够了。此时最要紧的是迅速说出你的创意重点，解释你注意到的问题，以及你想开发的解决之道。除此之外，其他都只是点缀而已。

因为创业者们是一个接一个的发言，如果你的公开发言动听又好记，当然会对你得到较高的印象分大有帮助。事实上，如果你能把所有内容化作一句精彩标语，效果会更好。

周末创业过去曾出现一些让人印象深刻的标语：

◎“巨人想得美”：快速、好玩、让人上瘾的游戏。

◎“飞弹发射”：几分钟内制作一个病毒式“预告”页面。

◎“快快帮我打扮好”：让人莞尔的风格！

◎“美食现形”：介绍美食及地点。

◎“任务大道”：一有需要就记得该做什么。

像这种公开发言抢人才的活动，它的难处在于你必须设法“一语惊人”，以吸引能助你梦想成真的必要人才。有些人天生善于此道，有些人则做得很吃力。你必须想方设法做好它。

确实有一些人对自己的创意点子充满热情，但不太懂得如何去表达。考夫曼基金会创业组的经理尼克·塞甘认为，虽然企业家有冲劲是很好的事，但如果你不能吸引其他人加入，光有激情也没用。如果寻找组员时遇到困难，你必须扭转局势，并设法“更清楚地沟通愿景或让现有的愿景继续调整改进，以此让大家达成一致的立场”。

人们会被好点子好创意吸引，但如果你看起来有旺盛的精力、决心和热情，他们就更愿意共襄盛举。如果你能把气氛搞好，组建一支人员条件互补的队伍，即使在短短的一个周末，也必然会有一番意想不到的作为。

有了这层体认，也不妨事先思考一下关于你的计划和未来的问题：

◎你有意长期经营这个案子吗？

◎这是一个你想全力以赴的案子，还是个利用闲暇时间、行有余力才做的案子？

◎如果你想进一步推动这个构想，你是想成为执行这个构想的公司的执行长，还是希望由别人来担任这个角色？

◎你有一个计划或暂定时间表吗？

◎你是否已经很清楚知道要找哪种类型的人参与这个案子？

这些问题并没有放之四海而皆准、绝对正确或错误的答案。重要的是，你要去思考这些问题，然后清楚明白地告诉那些想要加入的人，你想要的是什么。

四 组成团队

一整个周末像团队一样一起工作，每位参与者都会经历一场紧凑的体验式教育。学习的最好方式是动手去做，而不是清谈或空想。通过挖掘团队成员的才能并找到确实可行的解决方案，你自然明白你的方向。问题的症结在于能否妥当分配有限的时间、调配事情的轻重缓急并简化程序。

周末创业是一种密集式的学习体验，让你边做边学。当你组成一个必须找到解决方案、克服障碍、秣马厉兵以满足市场真正需求的团队，你会全然沉浸在新创事业的氛围中。这要比研读个案实际得多。你被迫离开舒适圈，从必要的工作和当下立即获得的回馈中学习。

周末创业就只给你一个周末的时间，有明确

的最后期限。这是件好事，因为它迫使所有参与者不得不减少任务，只保留最重要的项目，专心做好几件关键的工作，以便在周日晚上能拿得出东西来展示。事实上，多数的团队都遵循以下方式进行专案管理：

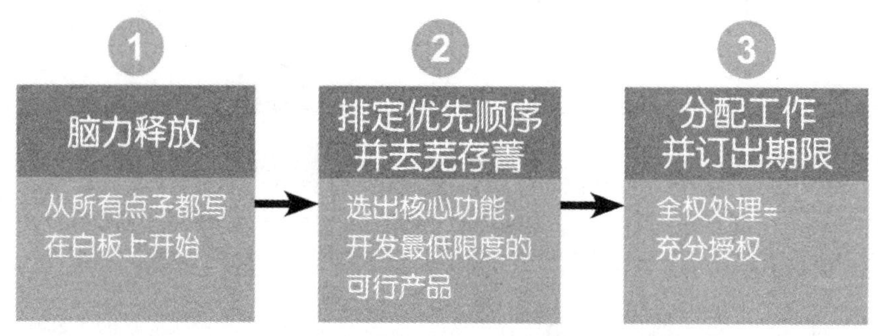

（1）首先，专案多从脑力释放开始，团队中每个人都可以提出自己的想法，畅所欲言，不受任何限制。在脑力释放的最后，你就有可行的构想了。

（2）接着，要排出优先顺序，决定哪些事必须要做，做到什么程度，才能在周日晚上拿出可行产品来一决高下。你要非常清楚以团队可用的时间、资源和才干，究竟可以完成什么，然后着手去做。

（3）最后，分配任务并设定最后期限。有时候谁负责做什么显而易见，但有的时候要处理好这件

事会有点伤脑筋。你必须很务实地承认组员的能力，但同时也要安排高难度的任务，促使每个成员突破极限努力达成。请记住，这些人只承诺投入一个周末，因此风险相当低。而在这种高压的环境下，人们最后完成的成果，却往往令人惊艳。

追踪进度的方式应尽量简单。通常一份像下面这样的表格就够了：

姓名	待办事项	进行事项	完成事项
山姆	■■	■	■
比尔		■	■■
玛丽	■■	■	
丹恩	■	■	■

将分配给每个团队人员的任务写在随意贴上，并把它们贴在对应的栏目上。每当成员们完成一项任务，就把随意贴从“待办事项”移到“完成事项”。经验证明，通常每个人一次做一项任务最好。减少分心，才能让人们专心完成任务。组员每隔几个小时也必须向组长汇报进度。

验证构想是否可行，即探查清楚你的产品究

竟有没有市场，这是周末创业的关键之处。你必须弄清楚，如果真的有这项产品，人们是否现在就会想要它。要把问题以及你的解决方案和别人的想法搞清楚。这点要比做一份呈现未来 5 年业绩巨幅增长、创造疯狂营收的数字报表更重要。你或许可以在周末创业活动上找人谈谈，或是在你的社交媒体页面丢出几个问题，看看人们会有哪些回应。

把周日晚上评审团会使用的 3 个主要评审标准牢记在心，也会有所帮助：

1	客户验证	○他们是否访问过潜在或目标客户? ○他们是否把回馈意见融入了产品? ○他们已经开始经营粉丝群了吗?
2	商业模式	○他们与竞争对手是否做出了区隔? ○他们有客户开拓及产品上市策略吗? ○他们的营收模式清楚实际吗?
3	执行成效	○他们是否像团队般通力合作? ○他们是否像团队般执行工作?

关键思维

功能太多会让使用者不知所措，并且偏离你想要达成的本意。最后你还是要“专注”于构想的核心，不断淬炼，直到推出最简洁的版本。

——艾利克·柯斯特，Zaarly 共同创办人

五　开发商业模式

周末创业提供真正的实验教育。在生活各个领域都可以发现实验式教育的机会。

用一个周末时间创造出一个商业模式，你大可不必费心思考平常那种不切实际又高度乐观的成长曲线。反之，重点要放在与潜在客户交谈，找出他们真正想要的东西，然后建立一套系统以提供解决方案上。开发商业模式就是去验证你的构想是否可行，保持精确翔实，并能从容自如地视情况做出关键转折。重点是倾听客户心声，并认真地把他们的想法和意见当回事。

由于真正崛起的新创事业屈指可数，绝大多数都半途而废，许多人因此认为创业要么靠运气，要么就要扎根在像硅谷这样的地方，因为只有那里才有完备的资金、人才和专业知识。而周

末创业的理念是，企业之所以会蓬勃发展或昙花一现，决定因素是它们的商业模式，而不是地理位置。与其担心如何创造营收和现金流量，不如摸清客户真正想要什么，这才是开发商业模式时要评估的关键要素。

有鉴于此，周末创业特别强调，要密切留意这些被点子吸引来的团队成员，掌握他们如何决定整体愿景并作为努力的方向。只要妥善达成这些条件，商业模式几乎肯定能水到渠成。

那么你要如何在一个周末的时间里，判断人们对一项产品的需求是什么？一些建议如下：

◎你可以快速进行网络调查。

◎你可以四处走动，与其他团队的人交谈。

◎你可以走出大楼，找刚好有点空档的人交谈——例如坐在咖啡馆或美甲沙龙的人。迈开双脚走出去学习到的东西常会令人喜出望外。

记住，这里所说的并不是要你去兜售产品。相反的，你是去了解市场以获取信息。因此，你要问的是开放式的问题。万一别人对你的初步构想不屑一顾，也要避免动怒。毕竟到目前为止，你投入专案的只是时间和精力，越早遇到这样的反应信息越好。

史蒂夫·布兰克以自己在新创事业成败案例中发现的模式，提出了客源开拓理论，并且在加州大学伯克利分校和斯坦福大学的课堂上进行讲解。其中最重要的是：走出办公室，与客户交谈。在知道客户想要什么之前，不要在一条路上走得太远，也不要花太多时间开发任何产品。布兰克表示，新创事业所犯的重大错误之一，就是把创办人的愿景和激情与真实且具体的事实混淆不清。同意加入新创事业的人都会以为，创始人或多或少一定了解客户的问题和需要。他们之所以同意投入工作，是因为他们十分认同这个事业的基本信念。团队与其领导人才是吸引人加入的因素，而不是点子。点子不值什么钱！创始人无论多么聪明，都不可能读懂客户的心思。如果成

员把他们对创始人的信心与对点子的信心混为一谈，那么他们就会犯下另一个致命的错误。他们等于把创始人的愿景当真并得出以下结论："现在我只要依照我的愿景开工生产，等我完工，我就开始出货、运送，然后钱就滚滚而来。"

关键思维

你有没有注意到，最好的谈话经验通常会从原来的话题岔开，朝向有趣而未知的领域而去？当你与潜在客户谈话时，尽可能促成这种浑然忘我的讨论。当他们在座位上身体前倾、睁大双眼、肾上腺素上升、全神贯注、认真交谈时，不要阻止他们。我过去习惯用一板一眼的方式与客户进行访谈，直到我发现我从来没有从这些谈话中得到多少好点子或意见。我事先拟好的问题让人坐立不安，让他们不愿意打开话匣子对我说真心话。现在，我把这些访谈当成建立人脉的机会，并向有趣的人学习。我询问他们的人生阅历，询问他们如何开始从事现在的工作？他们最近读了什么书？5年内希望达成什么愿望？这样做让我对事情有了全盘认识，没有任何调查可以做到这点，因为要让人们感到放心自在，需要人与人真实的接触。

——纳森·伯萧，Thoughtback.com创办人

不要只在构想要做什么时，才去听取一些意见。一旦做出了最低限度的可行产品原型，你必须再一次去搜集回馈。原则还是一样：

（1）亲自去找不认识的人，问他们一些开放式的问题。

（2）别被结果惹得不开心，或因此就试图操纵他们，要他们顺从你的意见。要诚实以对。

（3）看看你是否能把客户的实际回馈融入你产品的下一个版本。

（4）就你的产品试着提出一些假设：

◎这个产品能讨好谁？

◎市场上这种人有多少？

◎我们要如何找到这些人？

◎有多少人会上我们的网站？

市面上有很多经管类图书强调坚持的重要性。它的观点是：你要不断试验你的产品，并以各种不同的方式宣传它，然后继续在地下室努力，最后一切辛勤工作都会有收获。但是，实际结果未必如此。如果你尽早并且经常跟你的客户交谈，你会及早发现问题，并能得以转向实际可行的创意。

近几年来有一个概念颇受关注，就是强调“精益”和“敏捷”的商业模式，简而言之，就是“早出手、常出手”。取消冗长的产品开发周期，直接把一些初期的产品原型放在顾客面前，听取他们的意见，不断改变产品以便纳入他们的建议。你此刻要做的就是这件事。

周末创业秉持的精神是：

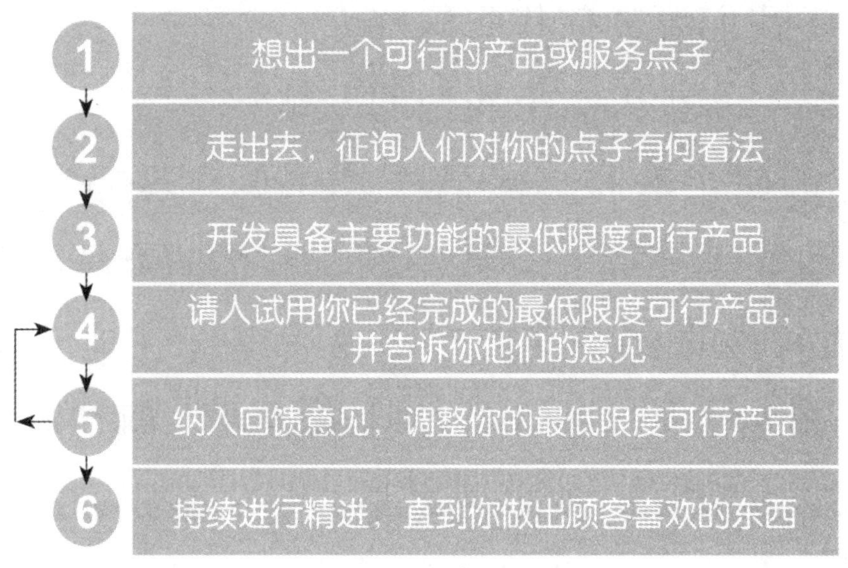

很显然，只有在必要情况或机会出现，你不得不做出关键转折时，这里所提的精益/敏捷方法才会奏效。尤其是你已经花了大笔金钱在产品开发上，并为之付出很多心血和努力，要这么做谈何容易？但如果是在一个周末创业活动中，做这样的决定就容易多了。周末创业活动是学习如何做到这点的理想场所，可以提高最后成果的品质。

周末创业再三强调时间限制，这显然是个突出的特点。然而，花些时间组成团队可能要比一头钻进专案有用得多。乍看之下，这好像是在浪费宝贵的时间，但长远来看（即未来的 24 小时），在面对压力时团队确实很有帮助。你可以在事情相对平静时，妥善安排好流程，然后在事情开始变得失控时，靠它安全过关。

关键思维

正在发生的是比技术变革影响更深远的变化，那就是创业和创新上的诸多抑制与局限正在消失。这让我们想起美国经济复苏的往日时光，我们的国内生产总值开始起飞，美国和世界达到前所未有的财富水准。现在也许正是以创业和创新打造美国新经济时代的破晓时分。周末创业位于这场革命的最前线：一次从基层崛起的运动，把技术、工具和网络带给最想为世界创造良性改变的人们。总之，当未来蓦然回首这个时代，会不禁赞叹我们在此最黑暗的时刻，竟看见星光。

——卡尔·施拉姆、史蒂夫·布兰克

六　调整、精进直到成功

怎样才能成为一位成功的创业家？实际上，成为创业家就在于知道自己擅长什么或决定自己想做什么，然后设法让人付钱请你做这件事（通常是照此顺序）。这需要策划与创意，并不可避免地要面对一些风险。成为创业家是一段历程，不可能一个周末就走完，但你可以在54小时内打好必要的基础。关键就是从你必经的历程开始着手。

用阶梯来描绘这段历程是最好的方式：

（1）有些人一开始是“意外创业者”——他们先是有个创造额外收入的副业，然后有一天，他们决定试试看能不能把兴趣转换成某种工作。不是每个人都必定经过这一阶段，错过这个阶段也很常见。

（2）下一阶段是采取“创业的跃进”——此时你想解决一个问题，便开始采取措施、付诸行动。

（3）第三阶段是“共同创办人的跃进”——你或是自组团队，或是加入跟你志同道合的团队。在这里，你开始开发一个最低限度的可行产品，并持续完善精进，直到潜在客户认为它又好又有价值。

（4）接下来是“新创事业的跃进”——这时你获得所需的资金，并且全力以赴投入新创事业。在这个阶段，你会想办法靠副业存活下去，直到新创公司有固定的营收来源，足以自给自足。通常在这个阶段，为了省钱你会在车库或朋友提供的场地工作。

（5）然后是“取得资金的跃进”——因为现在你有不错的产品和持续增加的客户，投资者开始被吸引参与。此时你要决定所有权的结构，并成立法人机构，让投资者可以投入资金。你会搬进你的第一间办公室。

（6）其次是“扩大规模的跃进”——这时你引进创投基金或更多投资者，以便能雇用更多人，使新事业在未来成长更快。

（7）如果一切顺利，你来到“向外拓展的跃进”阶段——这时你开始收购较小的新创事业，同时打造你的管理团队。或者换种方式，也可能是你的新创事业被大公司收购，你拿到了一大笔钱。

（8）如果你鸿运当头，就会进入“股票首次公开上市的跃进”——当你的新创事业股票挂牌交易，早期投资者获得现金回报，新投资者加入行列。这种事并不常见，但确实会发生。

（9）随着你的企业继续成长，直到你做到“财富 500 强公司的跃进”——这时你已是个大咖了。

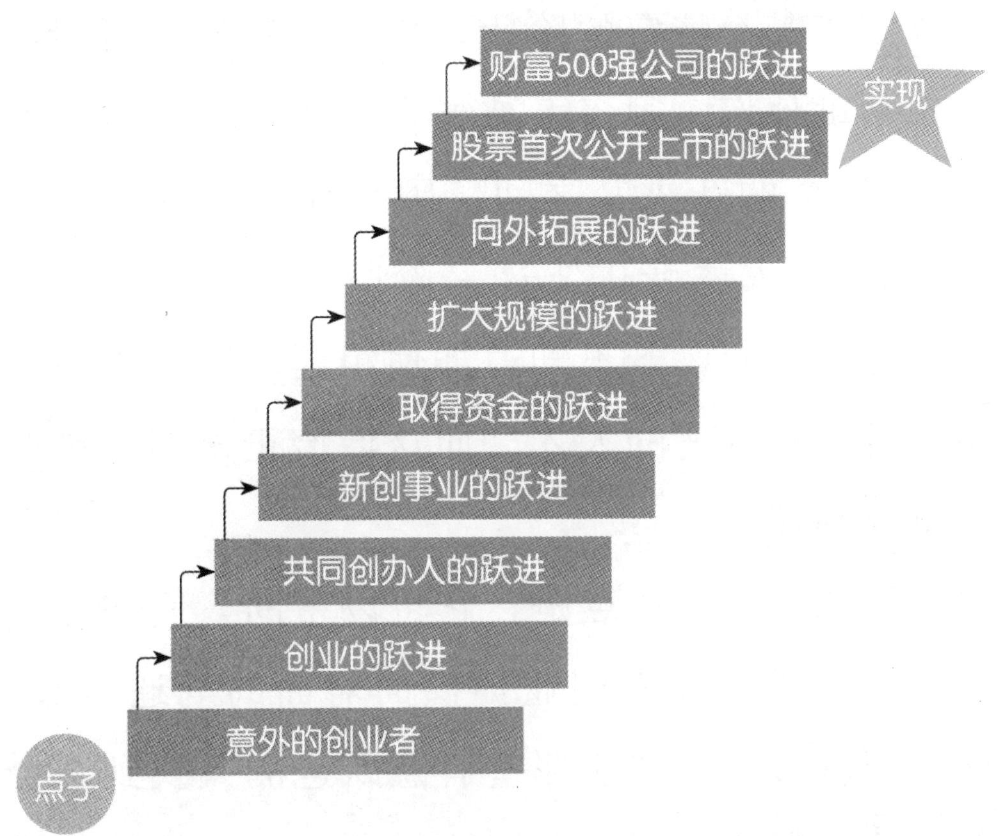

重点在于爬这个梯子一步比一步困难，成长的每个阶段各有其挑战和风险。你必须牢牢记住自己身在何处，欲往何处，才能持续往上爬。

这是多年来在周末创业活动中长期遵循的模式，相信这是一个很好的出发点。它让每个创业者达成共识，据此判断各自在通往新创事业的行程上走了多远。例如，我们可以看到，创业者是否受困于某个特定的阶段，并决定我们能否投入资源帮助他们。很多人被卡在“创业的跃进”和“取得资金的跃进”之间，因为他们往往跳过了“共同创办人的跃进”这一阶段。他们对自己的点子守口如瓶，既不知道如何组建团队，也不知道到哪里找合适的人才。而这恰恰正是周末创业的重要利基。

周末创业的优点是，它可以帮助人们往上一个阶梯跃进。周末创业提供面对面的沟通机会，促使团队形成，并让那些有意跃进的人找到适合的人才，帮助他们往上层阶梯跃进。参加这些活动的人互相形成“创业生态系统”，这是件很棒的事情。

一场创业革命正在发生。许多人怀疑这会不会是另一场泡沫，有泡沫就会有破灭。但新创事业革命建立在科技和商业的结构性与持续性的改变上，诚如创投家查理·奥唐那所言：“从来没有见过这么多的内容和这么多的资源可供创业者使用。如果你想开创什么，你已没有借口说有所不知。”与其孤军奋战，开发不出理想的构想，不如直接去查明创投家愿意资助哪些项目。许多创投公司都会详尽描述他们特别感兴趣的模式。整个系统近年来已变得格外透明。

周末创业对不同的人有不同的功能。它帮助创业家在各自的历程中取得突破和进阶，无论他们目前处于阶梯的哪一个阶段。对于那些知道自己在做什么的人，他们在那个周末仅仅关注与其创业愿景有关的事务，找到可以合作的人才，并实际推出某项成果，周末创业就是他们把事情完成的浓缩过程。还有一些人，则把周末创业看作结交人脉的机制、一个单纯与人结识的方式，即使这个周末过后，你没有成立任何公司，但至少你认识了几十位之前素不相识的人。谁知道以后会发生什么事呢？可能在若干年后，当某个参加过周末创业的人进入一家新公司时，他或许会联络团队成员，并询问是否有人对新机会感兴趣。

随着时间推移，周末创业将继续为有志创业的人制造一些简单的联系关系，当然也可能是强而有力的关系。周末创业在真正有心想让创业生态系统发挥作用的社群中，形成人脉的枢纽。我们都习于仰仗经济体系中的大咖，如政府官员、大企业家或超级富有的慈善家，并以为只有他们才能决定我们的社会或世界的成败。但现在周末创业有这样一个强大模式，在全球吸引那些有意愿、有才干的人才，这些创业家——所有的创业家，是世界上最强大的向上力量。

一次搞懂精益创业

新创事业是一种人为组织与制度，尤指在高度不确定的状况下，创造新产品或新服务。

精益创业有 5 大原则：

（1）不要忘记创业者无所不在。

（2）创业纯粹就是管理。

（3）任何新创事业的目标就是验证所学。

（4）成功的新创事业要能加速“制造—检验—学习”的循环进程。

（5）创新需要有可计量的衡量指标与检测方法。

创业需要创新思维。

调查显示，台湾地区有高达79％的上班族有意创业。2010 年，青年创业贷款核贷人数达 2514 人，创下历史新高，显示青年创业已成时下潮流。然而，创业是一件相当不容易的事，对许多年轻人来说，“创业维艰”更是摆脱老板脸色后必须直面以对的事实。

21世纪的创业环境大异以往，过去的游戏规则和经营模式已在快速崩解，在全球化趋势、消费结构升级及科技进步等种种推动下，市场需求、市场结构急遽变化，提供了新产品、新服务的发展契机，产生无数新创事业的机会。新时代的创业者也无须单纯依靠绞尽脑汁的苦干实干、祈祷天时地利人和，诚如艾瑞克·莱斯所言，成功打造新创事业是“可以学习、可以传授的，创业本身就是一门经营管理”。

莱斯所提倡的“精益创业”（Lean Startup）就是一种科学的方法，他明白告诉你，追求现实世界中能满足客户需求并使其满意的创意，才能使新创事业成功。你不必也不应该闭门造车、无边无际揣摩消费者的想法，而是要用科学实验的方法，把初期的原型品或最低可行产品送到消费者手上，实际验证你的设想，系统收集消费者的回馈意见，重新修正产品后再向消费者请益，如此不断重复“制造—检验—学习”的历程，且加快速度，缩短周期。越早向客户学习，越早确认创业的真正目标，你成功的机会就会越大。

在这样的情况下，你不必等到产品完美无瑕才上市，而应“先求有，再求好”，必要的时候甚至要有进行关键转折的准备。这个思维也大大颠覆传统的想法，与我们过去对创业者追求完美、百折不挠的坚毅形象的认识完全不同。原因在于，今日创业者面对的“不确定性”数倍于以往，技术更迭与市场变化的速度愈来愈快，有效管理不确定性的风险，也正是“精益创业”的精髓所在，那就是：全神贯注于顾客的需求，以最快的运作周期，用科学方法来做决策，创造顾客真正需要的产品。

“精益创业”不仅适用于新创事业，也适用于公司内部创业或新品研发。大公司甚至可以同时拥有好几个创新团队，随时测试新的改良计划或激进的突破性想法。只要愿意接纳新时代的改变、采用新的方法及策略，健全的创新思考文化将成为创业者最强大的后盾，未知的创业实践也将成为创业者最华丽的实验舞台。

麻省理工创业手册

24个步骤开启成功创业之路

Disciplined Entrepreneurship

24 Steps to a Successful Startup

原著作者简介

比尔·奥莱特（Bill Aulet），麻省理工学院（MIT）创业中心执行董事，也是麻省理工学院管理学院资深讲师，教授新创事业、能源创投及先进的创业技术应用，并担任该校环保能源奖的理事长。在麻省理工学院任教前，奥莱特经营自己的事业超过25年，在这段期间，他筹集了1亿多美元的新创事业资金，创造出数亿美元的市场价值。他的事业始于任职IBM，之后到麻省理工学院负责两项独立事业，并成为Viisage科技公司财务总监，目前仍担任数家公司董事或咨询委员。毕业于哈佛大学和麻省理工学院。

本文编译：乐为良

主要内容

24 步成功创业路线图

步骤 1	做好市场区隔
步骤 2	选择一个滩头堡
步骤 3	建立最终用户资料剖析
步骤 4	计算可能的市场总营收
步骤 5	开发第一批顾客样板
步骤 6	建立完整生命周期的使用案例
步骤 7	制定高水准的产品规格
步骤 8	量化你的价值主张
步骤 9	找出 10 个最佳顾客
步骤 10	界定自己的核心
步骤 11	画出你的竞争地位
步骤 12	确定顾客方面的决策者

步骤 13	画出顾客采购流程
步骤 14	计算后续市场可能的总营收
步骤 15	设计你的商业模式
步骤 16	设定定价结构
步骤 17	计算顾客的终身价值
步骤 18	画出销售流程图
步骤 19	找出顾客开发成本
步骤 20	找到主要假设
步骤 21	实际测试这些主要假设
步骤 22	确定最低限度可行产品的规格
步骤 23	显示人们会使用你的产品
步骤 24	制订你的产品计划

主题看板

麻省理工学院的创业风气

要成为一个成功的创业家，无论你提供的是有形的产品还是无形的服务，你一定要有一个卓越的内在品质。仔细想想那些伟大的创业家，苹果的史蒂夫·乔布斯，维京的理查德·布兰森，微软的比尔·盖茨，他们唯一的共同点，就是同样拥有卓越的产品品质，而不是某种特别的基因。

制造出某个产品的过程是可以传授的——这是比尔·奥莱特在商场实战和麻省理工学院授课多年后得出的结论，也是该校校友每年打造900家新创公司的动力。

当然，你会想到麻省理工学院的学生必然优秀，自行创业不足为奇，但是哈佛校友难道不比他们优秀？还是这些学生在校内实验室比较有机会接触到最尖端的科技？然而，每年通过实验室申请专利，然后成功创业的公司不过只有二三十家，仅占少数。

总结真正的原因还是麻省理工学院有鼓励学生创业的风气，学生在这种氛围中耳濡目染，在课堂、竞赛及各种课外活动中，表现出浓厚兴趣与高度投入——这也使得麻省理工学院提供一个能够成功传授创业技术的环境，并发展出一套成功创业的架构，成为人人可遵循的创业指南。

创业的迷思

创业精神是可以传授的，它完全不是“出身论”者所想的那回事。想要打造及运作成功的新创事业，是有结构化和系统化的方法可循的。

有种迷思以为这世界存在创业基因，某些人天生注定可以成功创业。有些人相信，成功创业与浮夸或大胆的人格特质密切相关，但这种想法是被误导的产物。相反的，确实有增加成功几率的技能，如人事管理、销售技巧、产品概念和生产流程。这些技能都是可以传授的，而不是少数人才有的天分。人们可以适应和学习新行为，因此，创业可以分解成可传授的个别行为和流程。

麻省理工学院的校友们，用新产品和新技术商业化的种种成功案例为上述说法提供了良证。麻省理工学院校友平均每年大约新创 900 家公司。截至 2006 年，超过 2.5 万家企业可以溯源到麻省理工学院。这些公司雇用了 300 多万人，年收入超过 2 万亿美元。依比例来看，如果把麻省理工学院校友创办的公司集合为一个国家，它将是世界第十一大经济体。

麻省理工学院一直以来的成就说明了什么呢？答案是：最重要的正是精神和技能的结合。学生在大学的确受到一些非常好的榜样熏陶，但更重要的是，他们被传授遵循一条将构想打造成事业的路线图。不论是实际经营一家新创公司，还是在一家大公司执行内部专案，他们都知道自己要做什么。

24 步成功创业路线图

只要遵循麻省理工学院校友们缔造卓越成就的路线图，就可以增加你成就大事的机会。

这个路线图非常有名，包含 24 个可重复的步骤，并可归纳为 6 个关键主题：

1 你的顾客是谁?

2 你能为顾客做什么?

3 他们如何购买你的产品?

4 你要如何赚钱?

5 你要如何设计和打造产品?

6 你要如何扩展业务?

步骤1：做好市场区隔

你的顾客是谁？——为你的产品找出潜在商机，厘清这些利基市场或区隔中，哪个是最适合你的构想或技术。

步骤1是要你认清，打从一开始你就没有资源去追逐每个既有的市场。因此，你必须找出一个可以占尽优势、值得投入的市场，以便推动事情发展。

我们很容易会说："好吧，中国有13亿人口，我只要能取得区区0.1个百分比的市场，就可以卖出130万件产品。"然而你必须提醒自己，如果真是这么容易，为什么大家都不这么做呢？有人买单是做生意唯一充分且必要的条件，要等到有人付钱买你的产品或服务的那天，你才有生意可言。因此，你必须证明顾客会购买你的产品，以及你的市场占有率肯定会与日俱增。

要做到这点，可以从以下方面着手：

（1）针对你构想的产品或服务，发动“脑力革命”，找出所有想得到的用途。

（2）替你的产品找到特定市场和可能的应用方向。

（3）出去和这些市场的潜在顾客谈谈，熟悉他们在努力解决的问题。看看你是否能解决他们的问题。

（4）观察潜在顾客的实际情况，厘清你以后要用什么方式帮助他们。

（5）集中精力进行各个步骤，要尽可能地放开心胸。最后得出的结果可能和你原先设想的状况截然不同，对此你要坦然面对。

（6）至少花几星期进行主要市场调查，掌握最新情况。

步骤 2：选择一个滩头堡

你的顾客是谁？——所有可能的市场机会都

要列入考虑范围，然后选择一个首发市场专心面对。确认这一市场适合作为起点。

选择一个市场，好好表现一番，更容易让你的新创公司占据稳固的市场地位，并且最好在资金用完前有净现金流入。专心这么做，你就可以让自己用最快速度获得最重要的正面评价，这是决定创业者成功的关键因素。

步骤 2 就是找出你想追求的市场。你必须确定这个市场对你有足够的吸引力，因为你得放弃其他所有市场，直到做好这个市场。

寻找符合以下 3 个条件的市场区隔或利基，作为你的滩头堡：

（1）一群购买相同产品，并且拥有共同目标的顾客。

（2）在这个利基市场的所有顾客，有相似的销售周期和同等的价值期待（也就是说，你的销售人员可以很有效率地从一个潜在顾客转移到下一个）。

（3）有证据显示，你在这个市场区隔有了“口碑”，买家在进行购买决策时会考虑并重视别人对你的介绍。

如果你能找到一块利基或市场区隔能够满足这 3 项条件，你的行销工作就能达到规模效益，一切便有可能快速散播开来。

步骤 3：建立最终用户资料剖析

你的顾客是谁？——一旦选定了滩头市场，接着就要做市场调查，对这个利基市场内典型的最终用户做出详细描述。

自认会成功是非常重要的，你的事业必须建立在你服务的顾客身上，而不是把你想销售的产品或服务硬推向市场。建立最终用户的资料剖析需要很多时间思考和深入研究。

步骤 3 是为了确认你的新创事业是为了满足顾客需求才设立，而不是基于你的兴趣、能力或你既有的产品。你在这件事上必须非常明确，建立详细的最终用户资料剖析。

事情很简单，不同的销售工具讨好不同的买家。建立目标客户具体的资料剖析，也就是你想成功必须要做到的事。

最终用户的资料剖析应包括以下信息：

◎买方性别、年龄和收入水准。

◎预期他们会在的地理位置。

◎他们的疑虑和动机。

◎他们视之为英雄和榜样的详细资料。

◎他们看什么样的电视节目？

◎购买你的产品后，他们会有什么改变？

◎他们的期望和愿望。

◎他们的挫折和挑战。

如果你在刚起步时，团队中有人符合最终用户资料剖析，这将会是个很大的优势。这样你就不用靠假设去揣测他们的看法。如果没有，未来一定要吸收这样的人进入团队，他能为你所做的

事带来第一手的体验和观点。

步骤 4：计算可能的市场总营收

你的顾客是谁？——你要运用最终用户的资料剖析估算滩头市场潜在的市场总营收规模。你必须了解这个市场的规模。

计算可能的市场总营收是非常重要的。你需要一个大到足以让你有净现金流入的市场总营收。如果市场太大，你会因为资源不足而难以招架；如果市场太小，则又令人乏味。

有 2 种方法可以量化你的滩头市场可能的总营收：

由下往上
计算个别潜在顾客

由上往下
使用市场研究估计规模

你应该结合由下往上与由上往下，取得最佳估值。如果你只靠由上往下的分析，最后得到的数字可能大而无当。过多由下往上的分析，会让你只专注于电子表格，而不是顾客。你要有由下往上和由上往下两种数据，才能真正看清滩头市场可能的总营收。

步骤5：开发第一批顾客样板

你的顾客是谁？——样板就是对一位潜在顾客的详尽描述。有了顾客样板的描述，大家就能专注于同样的目标。

当你有了具体描述的目标客户和样板人物，团队里每个人就会开始明白要做些什么才能让这些未来顾客满意。不要胡乱猜测一通，而是为你想服务的那种顾客树立一个标记，以及要做什么才能让他们成为使用你的产品的满意用户。

要开发一个描述性的样板人物，首先要根据已有信息做出一份翔实的记录，再加进一些你亲自和真实目标顾客碰面与互动的细节。如

果能加入画像或照片，你的样板人物会变得更加生动。

你的样板人物应该详细列出：

◎顾客姓名和个人背景。

◎收入水准。

◎背景故事——经历、好恶等等。

◎他们的目标——事业发展方向。

◎他们的需求——他们在找什么。

◎他们的痛处——他们不喜欢什么。

◎他们使用和信赖的信息来源。

◎他们决定优先顺序的采购标准。

◎其他值得注意的事项和偏好。

在实务上，详尽的顾客样板会为你的市场带来活力，让大家对目标客户有具体想象，并在做重要决定时能立场一致，而不是彼此抵触。把接受访谈的客户的实际意见融入你的样板人物描述，会使描述更有深度和真实性。随着业务进展，你可以反复改进你的样板人物，但整体重点是，好的样板人物可以让你专心去做该做的事，不做不该做的事。这是很好的前进指标。

步骤 6：建立完整生命周期的使用案例

你能为顾客做什么？——详细描述你的样板顾客怎样才能找到你的产品、进行购买、使用并购买更多或推荐给别人。知道这些可以让你避开瓶颈。

建立一套完整生命周期的使用案例，可以进一步探讨你的产品或服务能为你未来的顾客做什么。如何引导顾客在所有重要接触点上感受到产品价值，你必须有非常明确的做法。更重要的是，你必须用顾客的眼睛去观察这个生命周期，而不是站在你的角度。

稳健的完整生命周期使用案例应详细列出：

◎顾客如何得出确实需要你的产品的结论。

◎他们找到你的方式。

◎他们将如何分析你的产品的好处。

◎他们要如何购买并安装你的产品。

◎他们将如何使用你的产品。

◎他们要如何付款购买你的产品。

◎他们如何判断是否从你的产品获得价值。

◎他们需要哪些方面的售后服务。

◎他们会否决定购买更多你的产品。

◎他们是否会告诉朋友他们的使用经验。

如果可能，以图表、流程图和其他视觉元素依序显示会更有帮助。好的视觉呈现极有价值，它会说明你的产品如何融入客户的价值链，以及会碰上哪些阻碍并如何调整。

步骤 7：制定高水准的产品规格

你能为顾客做什么？——不要有太多令人困惑的细节，制作一份以视觉呈现你的产品或服务的销售简介。这能起到厘清作用并且让大家目标一致。

有意思的是，对正在讨论的同一句话，每个人会产生完全不同的看法。在步骤 7，要化解这种人为矛盾，就要制作一份高水准的产品规格表，并做出一份产品手册、概览，或以其他可视物品表现出来，全力阐述目标客户可以从你构想的产品中获得的好处。

你的产品或服务手册在这个阶段很有用的原因是：

◎ 消除内部的误解。

◎ 图解可以用来解决问题。

◎ 你的产品概念将变得更具体。

◎ 你可以对每个参与工作的人重复解说。

◎ 你可以开始与潜在顾客交谈。

◎ 你可以把产品特点和顾客利益串联起来。

列出高水准产品规格的手册很有用，它能让你从顾客的角度看事情。对于多数的新产品来说，需要不断重复说明才会成为有销路的产品。好的宣传手册可以起到这种重复性的说明作用。

步骤 8：量化你的价值主张

你能为顾客做什么？——计算未来的顾客可以从你的产品得到什么实质好处。以指标量化这些价值，而不是含糊暗示。

步骤 8 明确且具体地表达你的产品会带给目标客户可量化的好处。对于你已经描述的样板顾客，你必须清楚阐明他们会以什么样的实际指标来测评得到的价值。更重要的是，要让你的价值主张与样板顾客的优先考量一致。顾客总是会以所得到的利益抵销他付出的成本，务必让这种计算结果有利于你。

量化的价值主张要以样板人物的优先考量为架构。视觉化的单页图表最好，因为顾客可以轻易了解量化后的价值主张，并且可以展示给其他人作为佐证。做好这件事，对你开展事业的整体过程有重要意义和巨大价值，所以值得多花些精力把它做到最好。

到了这个阶段，你已经清楚样板人物的优先考量。也完成了产品的完整生命周期使用案例，了解顾客将如何使用你的产品。现在，你要制作一份价值主张，符合顾客的优先考量。应要专注于顾客“目前”和“可能”两种状态间的差异，后者是在他们使用你的产品后出现的情况。你的价值主张展示与众不同的价值，因此要说得浅显易懂。

步骤 9：找出 10 个最佳顾客

你的顾客是谁？——找出至少 10 个潜在顾客，联系他们并讨论他们的需求。看看他们是否愿意为自己面临的问题购买解决方案。

样板人物当然有用，但你要来一次真相调查，确定市场真有你想要的那么大。要做到这点，至少要联络 10 个非常可能的潜在顾客，并

验证他们的看法和样板人物是否一致。这样也能验证你对市场的假设。这么做会降低你的风险，甚至可能找出快速前进的方法。

你唯一的办法是走出去，和至少 10 个潜在顾客面对面交谈。提出使用你的产品的完整周期想法、你的产品规格和价值主张，请他们提供意见，并评估他们感兴趣的程度。如果他们很感兴趣，并且愿意为产品预先付费，这是你可以得到的最佳回馈。最好用笔记下他们所有的想法和建议。

做完这些访谈后，接着是思考并找出一些关键问题的答案：

◎我们目前的样板人物有用吗？可信吗？

◎我们改进后的新样板人物，会更符合我们现在所了解的状况吗？

◎我们正在开发的产品，是目标客户真正想要且愿意掏腰包购买的吗？

◎我们需要修改先前对市场的假设吗？

步骤 10：界定自己的核心

你能为顾客做什么？——你必须弄清楚，在提供解决方案上，可以做些什么让你胜过其他人。做对这件事就可以让你拥有无价之宝。

前面好几个步骤都在于面对顾客。在步骤 10，你开始厘清什么才是你的“独门绝技”——也就是你可以提供给顾客比他人更胜一筹的好处。否则竞争对手就会前来夺走你的市场。

打造独门绝技有多种选择。4 种常见的可能性是：

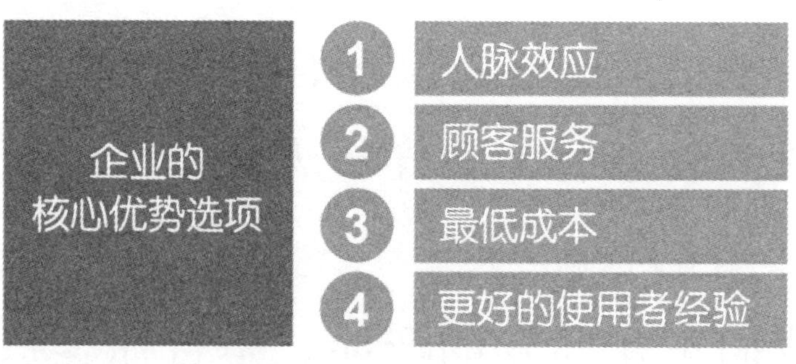

你也许想取得临界规模，让用户数量多到使潜在顾客根本不会考虑使用其他产品。

你可以提供卓越的顾客服务，或选择以低成本压倒所有竞争者，你还可以提供卓越的使用者经验。

步骤 11：画出你的竞争地位

你能为顾客做什么？——你的竞争能力体现在你把核心强项转化为某种能为顾客产生真正价值的东西。

要画出你的竞争地位，将样板顾客的前两个优先考量画成一个矩阵，与主要竞争对手的位置做一比较，画出自己的位置。

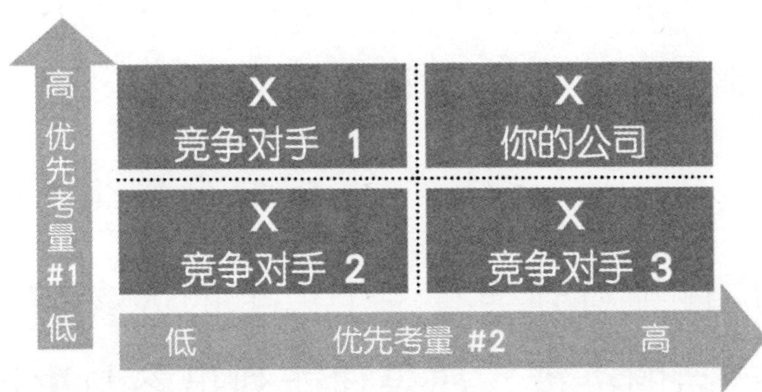

请记住，你最大的潜在障碍很可能是因循守

旧，安于现状。你必须提供实质利益给顾客，帮助他们克服惯性和改变现状。把你的产品与现实状况及其他公司提供的产品做个比较会很有帮助。

如果你适当地做了市场调查，也执行了以上的步骤，就很有可能落在矩阵的右上方。如果你发现你的竞争地位处在其他地方，就要仔细思考一下是否应该回头重新界定你的产品规格。市场差异化至关重要。

步骤 12：确定顾客方面的决策者

他们如何购买你的产品？——如果你知道最后是由谁决定是否购买你的产品，你就可以提高销售量。

你应该预料到会有一个以上的人参与是否购买你的产品的决策。如果你能列出参与决策的相关人，你便可以设想该怎么修饰你的销售用语以投其所好。步骤 12 就是在讲这件事。

顾客方面的决策者大概来自几个层面：

◎ 支持者——即使不一定是最终用户，但他愿意购买。

◎ 最终用户。

◎ 主要的经济型买家——他们签字花钱购买你的产品。此人负责控制预算。

◎ 有力人士——在该领域经验丰富的人士，他们会提供信息和建议。

◎ 拥有否决权的人——他无需任何理由就可以拒绝购买。

◎ 采购部门人员——他们负责处理采购的后勤作业。

在此阶段，你收集决策者的信息，并与团队每个人分享，让大家对参与最终决策的潜在动态因素都有所了解。

支持者和主要的经济型买家最为重要，但对拥有否决权以及主要影响力的人也不可小觑。

对企业的采购情况较容易描绘，但在一般消费者采购时，流程还是很重要。大型消费性商品企业多年来一直都在这么做。

步骤 13：画出顾客采购流程

他们如何购买你的产品？——一旦你知道由谁做决定，就要描绘出他们如何做决定，需要哪些条件。如此一来，你就可以把采购流程设计到最佳状态。

顾客从来不会随随便便买东西。即使会，也很少在知道的第一时间就当场购买。更可能的是，在决定购买时，他们会遵循一个流程。

如果你能了解这个销售周期的长度，便能站在更高的角度去预测开发客户的成本。厘清下面这些每一个步骤需要多长时间：

◎顾客如何确定他们需要或希望改变现状？

◎顾客如何确实得知你的产品或服务？

◎顾客如何分析你的产品是否适合？

◎顾客如何购买你的产品或服务？

◎顾客购买后如何安装你的产品？

◎顾客要如何及何时付款购买你的产品或服务？

越理解这个过程，以及实际操作中每一步费时多久，对现金流的预测就会更加明确。你还可以设计你的产品或服务，来解决预期可能出现的任何障碍。卖一项产品很少只是为了满足顾客需求，你必须了解除了需求之外还涉及哪些事项。

步骤 14：计算后续市场可能的总营收

你如何扩展业务？——在持续专注滩头市场的情况下，如果你可以称霸滩头市场，就要分析后续市场还有哪些可能。

此时退后一步并快速检验你能否对滩头市场形成影响，是个不错的主意，而且有一些非常有吸引力的后续市场，也很值得作为目标。这样做只是快速做个检查，确定日后有机会打造可扩展的事业。计算市场可能的总营收意味着你注意到滩头堡以外的市场。

一般分为两大类：

（1）追加销售的机会——回头找现有客户，销售新增的产品或服务。

（2）周边的市场机会——进入新市场，销售相同的基本产品或服务，但针对此市场增加一些功能上的微调。

如果你能成功称霸滩头市场，就有追加销售、拓展周边市场或混合两者的机会。关键是以滩头市场的成功打造士气和动力，让你有足够的资源，追逐更宽广的市场。

不过更重要的是，别因为更大的市场和市场总营收计算而让你和你的团队对滩头市场分心。应该激励团队先去征服和占有滩头市场，然后再让团队持续思考，这是发展和成长的关键核心。

步骤 15：设计你的商业模式

你要如何赚钱？——接下来要花些时间设计一个合理的商业模式。选一个创新、与众不同且能展示优势的模式。

商业模式是一个用来展示你的产品为顾客创造某些价值的架构，而不仅只是定价。

你必须把 4 个关键因素纳入你的商业模式：

◎顾客愿意做什么？

◎如何创造和取得价值？

◎你的竞争对手正在做什么？

◎你要如何激励你的经销商？

最常见的商业模式是：

◎顾客购买时，你当面收取一次性费用。

◎成本外加——基本费用外加一定的百分比。

◎按时计费。

◎订购（续订）或月租。

◎把知识产权授予他人。

◎赠送产品但收取耗材费用。

◎追加销售高毛利产品。

◎靠卖广告赚钱。

◎把收集来的资料转售给第三方。

◎收取交易费或成交费。

◎收取使用费。

◎收取低额基本费，再随附加项目加收费用。

◎收取高额违规费。

◎薄利多销。

◎从所得利益中收取一定的百分比。

◎授权特许经营，并获得一定比例的报酬。

由此可知，有许多方式可以为你的事业取得价值，带有不同元素的混合型商业模式也可行。要尽可能创新你的商业模式。

步骤16：设定定价结构

你要如何赚钱？——商业模式确定后，接着要拿出你的定价策略。你可以边做边调整，但你必须先过第一关。

定价对你未来的盈利能力会有很大的影响。一般来说，定价的关键因素在于顾客的终身价值和开发该顾客成本之间的差异。

正确替你的产品定价，要切记以下这些概念：

（1）成本从来都不是决定价格的因素——而是应该专注于你为顾客创造多少价值。要以量化的价值主张来定价，厘清你会获取多少价值，以及顾客需要获得多少价值才会购买。

（2）找到一些关键的价格点——运用你对购买决策者的了解以及他们使用的基准，看看你能否切入可接受的价格带。

（3）了解顾客在价格上有哪些考量——一定要从顾客的角度思考。

（4）认知不同的顾客会付不同的价格——并据此考虑差异化的定价策略。

（5）对初期的试用者以及替公司代言的顾客，在价格上要有弹性的准备——因为能和他们做成生意，对长期的成功会有很大的助益。不要免费送产品，而是给个好折扣，只要他们同意对购买价格保密。

（6）要有日后降价比涨价容易的心理准备——所以定出高价并给抢先购买者优惠，而不是一开始就定出维持不下去的低价。要让定价反映你所创造的价值。

步骤17：计算顾客的终身价值

你要如何赚钱？——现在你已懂得定价和商业模式，接着就要计算新顾客的终身价值，同时也要注意开发他们要投入多少成本。

顾客的终身价值是计算每位新顾客将提供多少利润（平均值），再减去开发该顾客的成本。

终身价值必须算进以下因素：

◎一次性收入来源——当场收钱。

◎经常性收入来源（如果有的话）。

◎额外收入的机会。

◎每笔收入来源的毛利率。

◎你预计的顾客留存率。

◎产品预计的寿命和再次购买的周期。

◎投入公司的资金成本。

计算未来顾客的终身价值时，你得务实而不是乐观高估，这点很重要。因此，你的计算必须高度依赖你的商业模式。每位新顾客的获利能力、你的毛利率、客户留存率以及任何追加销售的可能性，都会严重影响你的计算。

你最好设法打造一个商业模式，争取使顾客的终身价值是该客户开发成本的 3 倍以上。如果做到这点，你成功的几率就大增。如果你得出的顾客终身价值和争取客户成本相差不大，以后很可能会出问题。

整体而言，作一个按部就班的创业家，你不可盲目地乐观操作，而是要以实际数字为基点，了解是什么原因驱动这些数字，这点很重要。

步骤18：画出销售流程图

他们如何购买你的产品？——制订短期、中期和长期销售策略。确定下来后，再设法让销售过程更短更便利。

步骤18是要你对争取真正顾客的成本做出第一次评估。你必须描述如何进入市场（短期销售策略），随着时间微调你的销售策略（中期），然后在未来以低成本持续开发新顾客（长期）。

多数创业者在进行这项计算时经常忽视下面4个因素：

（1）销售人员薪资、手册印刷、网站建设、展览费用等这些预付费用。

（2）相对于较即时的销售周期，长期销售周期的比较成本。

（3）接触潜在顾客但没做成生意所投入的行销成本。

（4）你的首选顾客进行企业重组，因而改变采购决策者所造成的影响并从头开始的费用。

了解开发客户的细节会让你厘清成本来自何处，时间久了你就懂得如何缩短销售流程。

也请记住，你的销售流程会随着时间而改变和演进。更可能的是，当你设法做到有效上市时，开发客户的成本也会随时间减少。短期来说，你将专注于刺激需求。中期而言，你可能会转向更注重履约和建立口碑。长期来看，顾客管理将成为你的首要任务。

步骤 19：找出顾客开发成本

你要如何赚钱？——画出销售流程后，算出

你的实际顾客开发成本，了解未来要如何降低顾客开发成本。

计算一开始的顾客开发成本，最好的方式是从上而下，而不是由下而上。用表格列出在一段时间内，你要花多少钱在销售及营销上面，并把得出的总数除以你开发的人数。按照3个阶段加以计算，仔细调整你的顾客开发成本，合理算出未来的可能走向。

随着时间降低顾客开发成本的策略包括：

（1）明智地采取直接销售——因为雇用销售人员要付薪水，利用科技方法执行电话营销和社交媒体营销。

（2）尽可能自动化——利用人际网络推广，并以诱人的奖励，让你的用户告诉他们的朋友。

（3）提高你的销售转换率——专心去做可以促进更多销售的事。

（4）致力改进准顾客的品质，并降低他们的成本——利用“集客式营销”。即一种用“拉”的手法，把焦点放在如何赢得潜在客户的注意上，然后循序渐进地将他们转换成自己的实际客户。

（5）试着对潜在顾客加速完成销售程序——尽一切可能加快他们做决定的速度。

（6）重新调整商业模式，降低顾客开发成本——拿出可以更容易争取到顾客的选项。

（7）制造好口碑。

（8）专注于你的目标市场——不要被旁业分心。

步骤 20：找到主要假设

你要如何设计和打造产品？——在进一步讨论前，快速做个实际检查。确认要想让你的创业

计划可行，必须确保哪些主要假设准确无误。

在步骤 20，依照重要性列出 5～10 个假设。这些假设都存在，但可能至今尚未被提出来。重要的是，你要让这些假设接受公开测试，看它们是否符合你所知道的事情运作方式、目标市场，以及你对开发新顾客成本的认知。

找出主要假设是验证你对主要市场研究的第一个程序。在假设可以被测试之前，它们必须被拆分成几个单元，好让每个假设都成为一个具体且狭窄的构想，能在下个步骤中用单一实验设计并进行实证检验。请专心分解所有主要假设。

可以从以下方面找到你的主要假设：

（1）检讨所有 24 步骤的架构——列出所有合乎逻辑的结论，并注明每个结论的资料来源。标明哪些是你单凭直觉做出的结论。

（2）放大检视你的价值主张——自问是否已经正确找出样板顾客的优先考量，是否提供足够价值让人来购买。

(3) 精算你的毛利率——找出可能暗藏其中且不切实际的数字。

(4) 质疑你接下来的10个顾客名单——检查这份名单看起来是否合理。是否有你尚未找到的灯塔型顾客（即最早使用你产品的顾客）或关键顾客，思考他们是否会购买你后续的产品。

步骤21：实际测试这些主要假设

你要如何设计和打造产品？——现在你要以最便宜、最快速和最简单的方式测试你的主要假设。目标是收集数据，从而证明或推翻你的假设。

在步骤21，你要设计一些简单的实验，用以帮助验证你的假设。这不是在替产品制作原型，而是为了做其他合乎逻辑的事。

例如：要测试你的成本假设是否正确，你需要联系供应商并告知你的产品规格，请他们提供非正式的报价，看看与自己的估价是否接近。

再如测试市场需求，联系几位灯塔型潜在顾客或关键顾客，看看他们是否愿意：

◎预订你所说的解决方案。

◎付订金。

◎给你一份意向书。

◎同意试用。

◎表现出兴趣，如果你接受他们指定的条件。

测试主要假设，尤其是最重要的假设，例如灯塔型顾客的成本目标和兴趣，做好准备推销自己的产品，这和你采用的主要市场研究方法有相辅相成的作用。你的市场研究，结合你的实验得出的实证结果，可以帮你做好第一批产品并卖给顾客。测试会让你更彻底了解你的顾客并且提高成功的可能性。

要测试对市场的假设，你可以去观察目标客户的实际情况并对他们进行访谈，进一步了解他们的喜好。你还可以在社交媒体上登些花费不大的广告，了解你在滩头市场想要争取的人到底在想什么。

步骤 22：确定最低限度可行产品的规格

你要如何设计和打造产品？——要开始做生意，你现在要推出顾客会付钱买的最低限度可行产品。这是进一步测试，看看在大张旗鼓前你是否做对了。

开发和测试最低限度可行产品，要把所有假设都纳入其中。你要尽快这么做，不要等待产品达到尽善尽美才开始，这也是对顾客是否真的会花钱买你产品的最重要的试探。

最低限度可行产品必须满足 3 个条件：

◎顾客使用产品后必须得到真正的价值。

◎顾客必须真的付钱购买产品而不是获得赠送。

◎首批产品必须好到足以让顾客开始做出一

连串的回馈行动，从而让你能够开始继续推出更好的产品。

我们的目标直截了当——列出你的所有主要假设，再限缩到只剩下最重要的假设，把它们纳入顾客可以使用的产品中，看看他们是否会购买。

最低限度可行产品可以当成一次系统测试，看看你是否可以给顾客提供价值。对最低限度可行产品，你必须兼顾简单和充分这两个要素。你的第一代产品必须容易操作，以便让你看到顾客的反应。你可以在后续产品更新时加以改进，但是在起步时要保持简单实用。

步骤 23：显示人们会使用你的产品

你要如何设计和打造产品？——收集资料，明确显示顾客正在采用产品。用理性的数据取代乐观预测。

对你来说，新品大卖当然是最期望的结果，但人并不总是理性的。在你把有限的资源投入到大量生产之前，应测试是否有人会花钱购买你的产品并按照广告上说的那样使用它。

目标客户是否会购买和接受产品，是非常重要的，但同样重要的是，现在就开始测试他们有多少意愿会把你的产品利益推荐给别人。尽可能测试你的顾客是否告诉别人你的产品，因为这会带来有价值的口耳相传，也会降低你的顾客开发成本。

第一代产品上市后，你会获得许多讯息，得知什么可行。这么做可以展开学习循环，让你接受顾客回馈的意见，并用来开发更好更精致的新版本产品。如果你一遍又一遍地这样做，顾客就会告诉你如何做出他们喜欢的产品。

步骤 24：制订你的产品计划

你要如何扩展业务？——看到你的最低限度可行产品卖得动，再确定滩头市场和周边市场还需要哪些功能。

步骤24是运用所有学到的一切制订你的产品计划。为首发产品选出需要的功能，以及日后需要纳入的功能，以便进军其他市场。

配合你的产品计划，你还需要安排好流程，确保产品能维持品质标准。这是很有必要的，因为新特色和新功能需要一段时间才能确保没有问题。你必须确认未来的版本不会有品质不佳的风评。

你也必须思考何时该迈出滩头市场的范围。一般来说，当你有20％以上的市场占有率，并有净现金流，就到了该扩张的时候。这时你处于较好的状况，可以理想地投资自己的事业。

当然，随着事态进展，产品计划会改进和演变，所以不要计较细节。记住，滩头市场不过就是你最初推出产品的市场，想好接着要往何处去。眼光放远，做好打算，运用滩头市场的成功，作为你迈向更大和更好市场的基石。

破解创业密码

把小点子变成大事业的6个本事

The Creator's Code

The Six Essential Skills of
Extraordinary Entrepreneurs

·原著作者简介·

艾美·维肯森（Amy Wilkinson），斯坦福商学院讲师，也是策略顾问、创业者与专题讲授者，为新创公司与大型公司提供创新与企业策略方面的咨询服务。她曾受雇于麦肯锡顾问公司和摩根大通，也成立过出口公司。曾任美国贸易代表处白宫学者和哈佛大学肯尼迪学院资深学者。毕业于斯坦福大学。

本文编译：许恬宁

主要内容

原来这就是成功创业者的日常

在自然界，植物为求顺利繁殖，多采用异花授粉的方式来提升体内基因变异的机会，好产生更有活力和适应力的后代。但植物不会移动，花粉传播主要是靠生活在周围的昆虫、鸟雀、蝙蝠等生物，甚至依靠风和水。

太阳鸟即是其中一种帮助植物异花授粉的鸟类，也是艾美·维肯森在《破解创业密码》一书中第一个点名值得创业者效法的对象。大自然一直是人类最好的导师，“异花授粉，跨界交流”更是创意发想时经常使用的方式，但是光凭这个小技巧就可以成就大事了吗？是否还有其他成功创业者经常采用却隐而未显的成功秘诀呢？

在历时 5 年，访问了 200 多位营收超过 1 亿美元，或是客户超过 10 万人的成功创业者之后，艾美·维肯森发现这些人有许多共同点，而且是可以学、可以练、可以传承的基本技能。这些当红创业者包括我们熟悉的 LinkedIn、eBay、Space X、Airbnb、PayPal、Jetblue、Dropbox 的创办人。

在经过严谨的访谈及分析研究后，作者归纳得出了创业 6 大技能，分别是：（1）发现可乘之机；（2）向着阳光驶去；（3）运用 OODA 循环；（4）聪明地失败；（5）集结众人之力；（6）乐善好施。6 大技能紧密协作，相辅相成。你可能对此觉得了无新意，但这确实就是成功创业者最平凡不过的日常技能，而且要想把每项技能做到位其实并不容易。

人们常犯的错误是害怕失败和自我局限。想不出好点子、信心不够坚定也就罢了，他们还无法带领团队，更别提超越极限了。相较于书中列举的成功案例，我们就不得不由衷佩服这些创业者无限的创意和百折不挠的心态。

毋庸置疑的是，没有人天生就具备这些技能。事实证明，这些成功者也是靠学习并应用这6大技能，并且将它们传授给自己的团队，才取得今天的成就。虽然每个人能力不均，有些技能较强，有些技能较弱，但只要多加练习，好好增进各项技能，便能抓住每个机会。

此外，这些成功创业者虽然不见得是学校最优秀的学生，但他们肯定是一个——而且是唯一一个看见某种需求的人，他们或是看出某个现存技术的新用途，或是想出全新的解决方案。他们不靠证书，也不需要学位，甚至不是专业人士。例如开发线上支付方案 PayPal 的人不是银行家，开发 YouTube 的人也不是影音专家。然而，他们却能把小点子变成大事业。

艾美·维肯森还发现，这些成功者在描述他们的工作时，总是对他们所做的事津津乐道，而不是大谈达成的财务梦想。诚如 eBay 创办人皮埃尔·奥米德亚所说：“这一代的科技人就是想把人们聚在一块儿，做各种有趣的事。”因此，他们也常被视为不切实际的梦想家。但他们的成就却不仅颠覆了竞争者的想象，也重塑了整个产业乃至整个世界。

一 发现可乘之机

开创者能看到别人没看到的机会，因为他们随时留意四周。你要把眼睛睁大，留意人们未被满足的需求，然后从其他领域移植点子，设计出一套新方法，或是把看似风马牛不相及的概念整合在一起。

开创者通常拥有独特的思考与做事方式，因而能抓住机会胜出。成功开创者的经历告诉我们，他们通常以 3 种角度看世界，然后从其中一个角度展开行动：

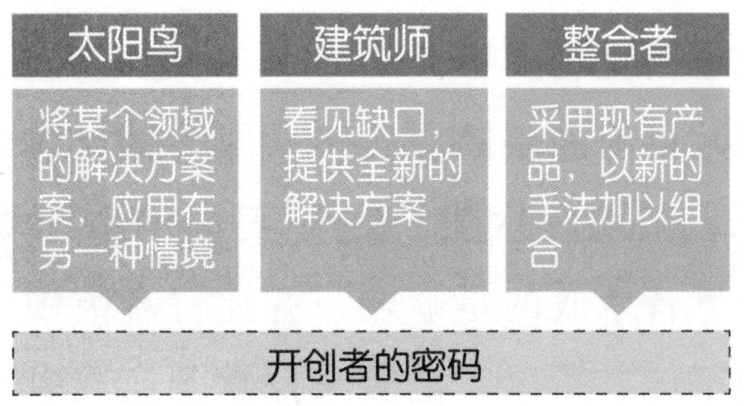

角度1：太阳鸟

“太阳鸟”看到某个领域使用的解决方案后，便会把它移用过来解决自己手上的难题。或是换句话说，太阳鸟想办法将已经存在的东西，应用在其他领域。有一件事很奇妙：太阳鸟的点子来源越新奇，就越有可能带来重大突破。

太阳鸟通常利用类比的力量想出点子。提到类比，在运用时大致可分为两种层次：

（1）表面的层次——即把相似的东西放在一起，如产品功能或产品的设计特色。霍华德·舒尔茨便是因为在意大利当地咖啡馆喝浓缩咖啡并与人交际，体验到意大利人的社交活动，从而得出开设星巴克的灵感。

（2）更为深层的层次——即看见更根本的元素。舒尔茨第一次尝试进军美国的浓缩咖啡馆时，背景音乐放的是歌剧，并让侍者戴领结，结果反响不佳。所以，他后来把歌剧换成爵士乐与

蓝调，并增加座位，让顾客在啜饮咖啡闲聊之余，还能使用笔记本电脑。

“太阳鸟”永远在分析某样东西为什么在某个领域有用，以及如果要把同样的点子用在其他地方，会需要哪些相似或不同的条件。当他们把某种用途的解决方案带进其他情境时，会反复思索这个问题。

历史上有很多成功的“太阳鸟”：

◎古腾堡由榨酒机原理得到启发，发明了印刷机以及机用墨水。

◎皮埃尔·奥米德亚把车库大拍卖的概念搬到网络，创造出 eBay。

◎克雷格·纽马克也以同样的方式，将分类广告的概念引进网络，创造出 Craigslist 广告网站。

◎拉里·佩奇与谢尔盖·布林改善了一种学术文章排序的 Page Rank 演算法，创造出后来的 Google。

若想以“太阳鸟”的方式带来突破，你必须乐于思考多数人觉得无关紧要的片段资讯。此外，你也必须经常运用类比，对事情反向思考。你必须有能力找出为什么某样东西在原本的情境下有用，接着找出必须怎么做，才能把它应用在全新领域。

“太阳鸟”乐于探究其他人觉得很平常的东西。他们的优势是很多事都知道一点，然后把看似不相关领域的知识运用在其他地方。“太阳鸟”不会墨守成规，任由社会或市场在某个特定领域该怎么做的偏见影响到自己其他另有打算的事。但是太阳鸟也不会只靠着移植既有的概念找到机会，他们也会为过时的观念注入新鲜血液，从而让它们跟上时代。

角度 2：建筑师

“建筑师”会从零开始打造新的解决方案和新的商业模式。他们采取“白纸法”，从打地基开始创建崭新的解决方案。建筑师会从既有的解

决方案中寻找缺乏的元素，将注意力放在不寻常的事物上。他们会一直问“为什么”。

伊隆·马斯克就是一个好例子。他是PayPal的共同创办人，卖掉公司时拿到1.65亿美元。由于他个人对太空探险充满兴趣，于是决定赞助实验，看看地球植物能否在火星土壤中生长。他着手进行这项计划时，发现火箭成本高得惊人。

马斯克分析后发现，过去研发将物资送至太空的火箭时，追求的是最大效能，并未考虑到成本。此外，那些火箭只能使用一次，然后就报废——这就是它们如此昂贵的原因。

马斯克进一步发现，火箭的原料成本其实不到最终价格的2%。这使他相信，如果每样东西都能标准化，而不是采取一次性的制造方式，就可以制造更便宜的火箭。他为此成立了Space X。

Space X虽然早期遭遇过一些挫折，例如2006年与2008年前3次发射火箭时都惨遭失败，但在2012年5月，Space X创下历史纪录，让自家的天龙号货物太空船与国际太空站成功对接。今日的Space X公司，自行制造火箭发射器需要的80%以上零件，员工超过3000人，接获36张订单，以及未来几年补给国际太空站的16亿美元NASA合约。最引人注目的是，马斯克的火箭发射成本大约只有航天飞机的1/10。

“建筑师”会问：“痛点在哪里?”他们相信一旦找到问题所在，就能着手解决问题。“建筑师”找出机会的方法是留意人们苦恼的地方。他们擅长找出问题，抓到冲突点、瓶颈和让人头疼的地方，然后创造出新的解决方法。建筑师会看着日常事物，然后问：“为什么那样设计?”以及“怎么做可以让它更好?”

莎拉·布蕾克莉是另一个优秀“建筑师”的好例子。从前她在亚特兰大挨家挨户卖传真机时，裤子底下习惯穿丝袜，因为她觉得那样可以让身材显得修长。由于她想穿露脚趾的低跟鞋，

便剪掉了丝袜足部的地方，然而这不是一个很好的解决方案，因为丝袜会一直不断往上卷到腿上。

布蕾克莉觉得这是个机会，她设计了一款不包脚的丝袜，在底部附上弹性带。接着她打电话给素昧平生的袜子工厂，请他们帮忙制造，但没人理她。

布蕾克莉向公司请了一星期的假，开车到北卡罗莱纳州，拜访所有能找到的袜子工厂。那时她才想到，制造商们全是男人，这些制造丝袜的人并不穿丝袜。

最后终于有一家丝袜制造商回她电话，因为制造商十几岁的女儿让他相信，布蕾克莉的设计是个聪明点子。受到鼓励的布蕾克莉以 Spanx 为名注册了自己的公司，并花了大约 1 年时间让产品进入市场。在消费者的口口相传下，Spanx 流行起来，2012 年时，销量已经超过 1500 万双——这让布蕾克莉成为白手起家的全世界最年轻的亿万富翁。

“建筑师”会拆掉一层又一层的成见，他们会改造与重建假设，从零开始建构点子。“建筑师”会保持开放的心态，以求想出原创的解决方案。他们永远在思考，永远在问这样的问题：是否有没人留意到的小地方，可以带来不同视野？是否可能用别的方法探究目前的情形？其他人放弃了什么策略？

角度3：整合者

整合者型的开创者会混合来自数个源头的解决方案，打造出更好的混合式解答。他们会把解决方案A的元素，融入解决方案B的元素，然后创造出全新的解决方案C。南辕北辙的东西被融合在一起时，通常能带来最重大的突破。

以下是几个例子：

◎汽车产业最近开始贩售豪华SUV。这是把追求舒适的高级车款与适合崎岖路面的四轮驱动车相结合，看似不合常理，结果却生产出坚固又舒服的产品。

◎Chipotle 卷饼餐厅创办人史蒂夫·艾利斯想出“休闲速食”的点子，开了这家选用优质食材的速食餐厅。Chipotle 最初开在科罗拉多州，1993 年时只有一家店，后来发展为连锁经营，年营业额超过 36 亿美元。

◎雅莉西丝·梅班克与亚莉珊卓·威尔森成立网上奢侈品零售店 Gilt Groupe。两人把要有邀请函才能参加的样品拍卖会，与网上无边无际的大众市场相结合，向全世界推出“垂手可得的奢侈品”。Gilt Groupe 每天举办网上特卖会，顾客如果动作快，可以以很低的折扣买到顶级品牌产品。把两个相反概念加在一起的威力，让 Gilt Groupe 只花了 5 年时间，就从一家新创公司成长为有 10 亿美元营收的大公司。

不论选择“太阳鸟”、“建筑师”或“整合者”的哪个角度，开创者最重要的工具就是好奇心。如果你见到开创者本人，你会被他们吓一跳，因为他们习惯问非常大量的细节性问题。

大胆、不拐弯抹角的问题可以让头脑清楚，并带来意想不到的发现和崭新的机会，头脑中闪现“啊，原来如此”的灵光。“太阳鸟”、“建筑师”和“整合者”都会问无数问题，他们不会丧失天生的好奇心。

成立 Under Armour 运动服饰公司的凯文·普兰克是极佳的开创者范例。1991 年时，他凭借努力成为马里兰大学橄榄球队的替补后卫。在场上奋力冲撞后，球员们往往汗流浃背。某天普兰克称了一下自己穿在球队制服下的湿漉漉的棉质汗衫，发现它居然比平时重了 3 磅（约 1.36 公斤）。

普兰克不希望自己的速度因此被拖累，他跑到大学附近的一家布店，得知人造纤维的排汗力较强，便买了一捆有弹性的超细纤维，然后找了当地的裁缝店，请对方帮他做汗衫。试做 7 件之后，他得到一件干的时候重 3 盎司、湿的时候重 7 盎司的汗衫（分别约 93 克、217 克）。

毕业后，普兰克在俄亥俄州找到一间愿意帮他做汗衫的小工厂，然后和朋友开始到处推销。他们打电话给球队的装备经理，到一个个更衣室发放样品。他们夜以继日地工作，不仅花光了普兰克的 1.7 万美元存款，还让他背上 4 万美元的信用卡债务。

很快的，订单开始陆续飞来。乔治亚理工学院向他们订了汗衫，北卡罗来纳州立大学也订了，接着亚特兰大猎鹰队也订了长袖汗衫。订单如雪球般愈滚愈大，今日的 Under Armour 已是价值 29 亿美元的全球品牌。

普兰克不是布料或制造专家，甚至不是零售专家。他从未打进过美国国家橄榄球联盟比赛，也没有常春藤盟校学位，但他是一个破解成功密码的开创者。开创者不需要企管硕士学位，不需要数百万美元资金，不需要完美时机或别人的认可，也不需要数年经验。开创者会找出让自己兴奋的东西，接着以超越盈亏并充满使命感的态度奋勇向前。

二　向着阳光驶去

开创者就像是目光紧盯着前方道路的赛车手。具体来说，他们会扫视地平线，寻找最前线的新点子，不断调整自己，以适应瞬息万变的市场。

有经验的赛车手被问到要如何操控时速 200 英里（约 320 公里）的车辆时，他们的答案是“向着阳光驶去”，意思是说他们专注于地平线，然后双手会自动跟上双眼。开创者就是那样做事。他们抓住方向盘，眼睛紧盯着前方，避开唱衰者与干扰者在路上挖出的坑洞。他们只有一个目标：成功。什么事都阻挡不了他们。

开创者有 5 点很像赛车手：

1 专注于地平线
2 事先规划前方路线
3 不断努力
4 扫视最前线
5 不沉溺于过去

（1）开创者专注于地平线——他们务求找到自己必须提供给顾客的东西并实现这一愿景。开创者永远想要创造出让顾客惊艳的卓越产品。他们往前看，找出处理复杂细节的方法，以便创造出好产品。他们会前瞻新兴的趋势，以超越所有人的速度，全力加快脚步迈向未来。

（2）开创者会事先规划前方路线——也就是说，他们会想办法以更理想的方法做事。Theranos治疗检测公司创办人伊丽莎白·福尔摩斯研究发现，自1950年以来验血都是同一套方式。于是她研发出临床检验分析器，可以在2～4小时之内，使用DNA鉴定法让医生知道血液检测结果。此外她还和Walgreens药店合作，让数百万从不看医生、但有重大健康风险的民众，能在现场得到实验室级别的验血服务。开创者总会找出快速推动事情的方法。

（3）开创者总是不断努力——他们专注于尚未完成的事物，努力达成目标，而不会自我满足，对目前的成就沾沾自喜。研究人员一再发现，不断努力的人士会更快成功，因为他们更加专注，会投入更多心力去实现目标。开创者永远不会自满，永远急着想做下一件大事。

（4）开创者会扫描边缘地带——他们积极寻找可能进入主流市场，并在不远的未来大有可为的外围想法。这方面的好例子是 Zipcar 租车公司的共同创办人罗宾·钱斯与安洁·丹尼尔森。两人很早就知道，有些人希望通过简单方便的方式就能有车开，但又不必负担养车的麻烦，于是他们开始思考怎样解决这个问题。他们想出“用多少付多少”的商业模式，并在 2000 年推出 Zipcar。2013 年时，Avis 租车公司以 5 亿美元价格收购了这家公司。

（5）开创者不会沉溺于过去——因为怀旧既无用又不具生产力。英特尔前执行长安迪·葛洛夫曾问另一位创办人高登·摩尔：“如果我们被踢出去，董事会选出新任执行长，那个人会怎么做？你和我为何不走出这道门，然后自己来做？”开创者就是如此，他们愿意抛下过往的成绩，追求新契机。他们不让过去阻碍自己前进，也不会被困在对过往的回忆里。他们学到所得，然后就潇洒地往前走，把心思放在下一件大事上。

除此之外，开创者也会告诉大家接下来不要做什么，让每个人全神贯注。开创者靠着这样的方式，解决令人分心的事物，并改掉傲慢与怀旧的坏习惯。史蒂夫·乔布斯是这方面的完美范例。他曾问他的经理人：“我们接下来该做哪 10 件事？”清单列出来后，他删掉最下面的 7 项，然后告诉大家：“我们只能做 3 件。”他说：“如果我们不吃掉自己，就会有人把我们吃掉。”他毫不手软地剔除令人分心的事物，避开繁文缛节，简化苹果公司的产品。

关键思维

我在这里是要做长远的事，其他事情全都是干扰。

——Facebook 创办人马克·扎克伯格，2006 年在董事会拒绝 Yahoo 以 10 亿美元收购 Facebook 时的发言

三　运用 OODA 循环

“OODA 循环”源自军方飞行员。他们战斗时，接连快速地观察（observe）、定位（orient）、决策（decide）并行动（act）。开创者会不断更新自己的假设，灵活地从一个决策换到下一个决策，靠着不断快速迭代打败他人。

彼得·蒂尔、迈克斯·雷夫奇与伊隆·马斯克共同创立了 PayPal，并在 2002 年以 15 亿美元的价格把公司卖给 eBay。尽管缔造了如此惊人的业绩，他们 3 人又接着和 PayPal 其他员工一起创立了 YouTube、Yelp、LinkedIn、特斯拉汽车、Space X、太阳城、Palantir Technologies、Founder's Fund、Slide、HVF、Yammer、Geni 与 Digg 新闻公司。那么，他们的诀窍是什么呢？他们显然以超越竞争者的速度与灵活度执行 OODA 循环。

OODA 循环的 4 个英文字母分别代表：

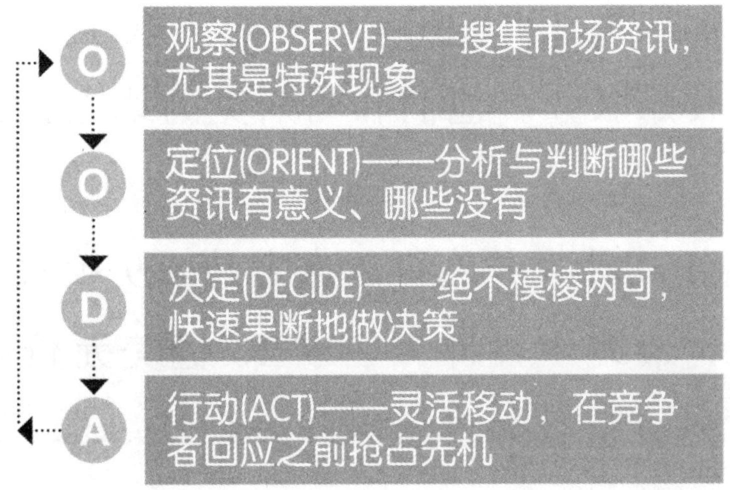

要了解 OODA 如何运作，可以看看 PayPal 的发展历史：

PayPal 公司的前身 FieldLink 替 PalmPilots 研发加密软件。那个方案最后没有成功，他们又设计出“电子钱包”，结果也失败了。接着他们研发软件，让 PalmPilot 装置之间可以即时转账——技术上成功了，但没有引起关注。FieldLink 以新公司 Confinity 的名义推出这项服务，并设立网站。

口耳相传之下，eBay 使用者开始使用 Confinity 网站在网络上转账汇款。公司伙伴对于这个突如其来的变化感到大惑不解，但他们灵光一闪，决定放弃 PalmPilot，专心为线上交易做网络版的转账服务。他们和马斯克的线上银行公司 X. com 合并，变成 PayPal。

PayPal 壮大并流行起来之前，更换过 6 次商业模式，最终一飞冲天，以 15 亿美元价格卖给 eBay。PayPal 每一次的商业模式迭代，都是依据公司靠 OODA 循环搜集到的资讯。

关键思维

PayPal 的成员很擅长的一件事就是行动迅速。他们做完一件事，就把它推出去，丢掉没有用的部分，然后搞定它。

——里德·霍夫曼，PayPal 副总裁，后来成为 LinkedIn 共同创办人

PayPal 最终能够成功，原因很复杂，不过很重要的一点，在于他们以胜过所有人的速度执

行 OODA 循环。PayPal 的早期竞争者 Dotbank. com 推出“推荐朋友就能得 10 美元”的口号时，PayPal 在 1 星期内就推出类似的奖励方案，而且还加码大放送，每笔交易多给 eBay 卖家 10 美元，PayPal 用户因而出现爆炸性的增长。有一次某位顾客询问能否在自己的拍卖物品上放上 PayPal 标志，PayPal 主动帮他完成那件事，并为每一位 eBay 使用者提供同样的服务。PayPal 以闪电般的速度快速执行 OODA 循环。

若要能观察、定位、决策并快速行动，开创者一般会和自己原本就熟识而且信任的人合作。接着他们还会鼓励每一个人说出自己的想法，就算人们的提议与资深管理团队的意见相左也没关系。

原 PayPal 实习生，后来成为 Palantir Technologies 共同创办人的乔・朗斯代尔说：PayPal 能成功是因为有一群聪明人。大家必须提出理由支持自己的想法并不断地反复讨论。人们会在很高层次的观点上讨论你在做什么，以及为什么值得那样做。

关键思维

如果你第一次推出的产品没让你丢脸，代表你推出得太晚了。每个人都想让自己的产品引人注目，并带来跨时代的革命，结果他们花费过长的研发周期，试图让产品尽善尽美，然而事实上抢占先机才最重要。

——里德·霍夫曼，LinkedIn 共同创办人

Yelp 这个例子也说明了 PayPal 团队是如何不断运用 OODA 循环成立新公司的。杰若米·史塔普曼与罗素·西蒙斯原本是 PayPal 的软件工程师，两人决定成立新网站，让民众可以利用电子邮件推荐医生、牙医、干洗店等优质店家给朋友。他们最初的构想失败了，因为寻找好店家的人不一定能得到满意答案。但是史塔普曼

与西蒙斯之前就植入了一个发表评论的功能，深埋在网站里面。他们万万没想到的是，人们会为了好玩开始撰写评论。

两人利用 OODA 法则重新打造网站，4 个月后，新网站在 2005 年重新推出。新的 Yelp 网站让所有人都能分享心得，评论文章开始大量涌入。两人在 2008 年推出 iPhone 应用程序时，低调地提供了一种用途，让每个人都能利用手机的录像功能分享店家资讯。该程序一经推出大受欢迎。两人又立刻研发出 Yelp Monocle 应用程序，配合这股风潮。

四　聪明地失败

开创者有一个共通的特质：都会经历失败。有的人失败得早，有的人经常失败。但失败后最终会有某个更深层的东西产生：失败刺激学习。失败既不有趣也不舒服，却是必经之路。

所有的开创者都知道，与其后来重摔倒地，不如趁早小小摔一跤。他们会小试身手，让自己有办法再振作起来，并且学会如何将挫折化为日后成功的历程。

以下 4 项原则能够让你聪明地失败，或是换句话说，为了迎向成功而失败：

1. 牛刀小试
2. 设定失败率
3. 要有信心，坚持到底
4. 化挫折为力量

（1）牛刀小试——开创者会尽量以最便宜的方式多方尝试，找出行得通的做法。他们会尽早失败，然后从错误中学习。开创者相信失败是计划初期或中期的过程，而不是最终的结局，他们坚信必须先有失败才能成功。若想和他们一样，你一定也要以低风险的方式先测试点子。你要进行快速、有创意、便宜的测试，判断自己的产品或点子是否有潜力。以这样的方式，你就可以避开以后代价昂贵的惨败。

（2）设定失败率——开创者会事先设定自己能够承受多少失败。他们不追求完美，但会冒足够的风险，以求找出新鲜有趣的事物。大部分的开创者担心自己的失败经验不足，因为那代表他们尚未充分探索前方的未知领域。追求突破时一定会犯错，你必须知道自己能承受多少失败，然后尽力而为。

（3）要有信心，坚持到底——开创者不会在早期遭逢困难时就缩手放弃。他们会一直试，因为一个强烈的感觉告诉他们：一切终将成功。找出你有热情的东西，热情会支撑你走过不可避免的初期挫败。最好能以“没问题，而且……”的心态来面对现实。换句话说，接受眼前的事实，并从那里开始寻找再度出发的方式。不要烦恼于没做到的地方，而要想办法加强已经开始出现成效的东西。

（4）化挫折为力量——开创者有不屈不挠的本事。他们历经事业上的挫败、财务问题、家人去世，甚至是学习障碍等挑战。令人意外的是，多数开创者说自己最后能够成功，是因为不得不撑过某些重大的事业或生活挑战。他们学会临场发挥，为求成功另觅他法，让自己度过困境。如果你想和他们一样，就要想办法在逆境中成长。开创者擅长重新匡正自己的错误与挑战，视它们为重新出发的契机。

开创者有办法在必要时右转、左转，或是来个大回转，然后重新开始。失败让人不舒服，然

而绝大部分的失败都是可以克服的。最严重的失败是拒绝再试一次。

关键思维

如果某件事够重要，或是你认为它够重要，就算害怕，你仍会继续坚持下去。老实说，你得经历许许多多的跌跌撞撞。你得万分努力，并且甘冒极大风险。这绝对不是件轻松愉快的事。

——伊隆·马斯，特斯拉汽车创办人

如果你把两个创业者放在一起，两个人条件完全一样，只是其中一人经常失败，另一人不常失败，我会投资前者而不是后者。从错误中学习将使你成为更有能力的人。

——迈特·科勒，Benchmark 公司合伙人

坦白讲，如果你努力让自己毫无机会失败，通常你也毫无机会成功。关键在于碰到失败关卡时，你能否停下来，然后找出接下来该走哪条路。

——里德·霍夫曼，LinkedIn 共同创办人

五　集结众人之力

孤独天才的时代已经过去。今日的社会太过盘根错节，你无法依靠一个人的力量解决所有问题。没有人能凭一己之力，就能整合今日世上所有的资源和信息。

开创者永远有办法利用每个人的长处。他们会打造共同的工作空间，鼓励人们组成救火队，还会举办竞赛，设计和工作相关的游戏。除此之外，他们还会和意想不到的盟友合作。

开创者擅长把人联合在一起，集合众家之长以解决问题。他们善于组织多元团队，让各式各样的创意设想一起激荡，以应对困难和挑战。他们举办论坛，让众人一起想出解决方案。

开创者会做这 4 件特别的事来集合众人的智慧：

1 召开合作论坛
2 组成救火团队
3 提供奖励竞赛
4 运用游戏策略

（1）召开合作论坛——开创者让来自不同领域的人士能够一起合作，他们擅长建立实体与虚拟的工作空间，促进人们共同协作。世界上许多最优秀的创意公司会成立运作中心，让来自不同行业、拥有不同专长的人们齐聚一堂，讨论彼此的点子，带来“异花授粉”——让某个领域的点子能运用在完全不同的情境下。除此之外，你也要提供能快速做出原型的研发空间，鼓励大家动起来。

（2）组成救火团队——开创者也擅长召集临时小组，让大家一同解决问题或是处理某个紧急的事情。成员们被征招进救火团队，会产生一种急迫感，并以各种方式激荡脑力。如果你有机会加入“在世上有一番作为”的特别专案小组，那将带来不可思议的动力与报酬。救火团队在搜救及电影行业很常见，许多其他产业也正在学习这种方式。若想百分百发挥手下人才的能力，你可以看一看先能组成什么样的救火团队。别忘了让团队充满活力，要有老手，也要有新生代。

（3）提供奖励竞赛——人们会为了赢得大奖前仆后继。奖励带来了史上第一次从纽约直飞巴黎的航行，还推动了灭火器、罐头食品、人造奶油等其他许许多多产品的发明创造。现在再加上网络与行动科技的力量，奖励竞赛的效果变得更为巨大。你也可以运用网络扩大参赛范围，吸引更多想赢得大奖的人。InnoCentive 用这个办法，解决了多年来难倒业界专家的工程挑战。Threadless 等公司甚至让网上 T 恤竞赛变成大事业。

（4）运用游戏策略——召集智囊团解决商业问题。玩游戏会让同组的玩家培养出友谊，增加信任感，帮助成员了解其他人的优缺点。许多开创者把自己面临的事业挑战设计成游戏，让众人一起合作解决它们。举例来说，华盛顿大学的研究人员依据经典的俄罗斯方块规则研发出一款游戏，让玩家能够在不明就里的情况下，折叠蛋白质，操作氨基酸链。接着这个游戏又被用来排序氨基酸与进行研究。玩家觉得自己是在争逐奖品，然而事实上他们增加了科学界找出癌症疗法的可能性。游戏能以这样的方式发挥正面作用。

全球超过 5 亿人每天至少玩 1 小时的网络游戏，其中美国约有 1.83 亿人。开创者知道游戏不只是娱乐而已：它们可以成为宝贵的商业工具，让工作变得更有趣、更互动、更具生产力。科技研究公司 Gartner 表示，2014 年年底时，最顶尖的 2000 家全球公司中，超过 70％将至少运用 1 种游戏形式。

关键思维

最佳的解决方案不一定来自哈佛毕业的诺贝

尔奖得主。某个罗马尼亚的孩子，可能拥有更好的点子。

——卡林·拉哈尼，哈佛商学院教授

你要为自己的学习负起责任。不论什么时候，经营一家新创公司就像是溜溜球一样，你会不停摆荡在幸福与恐惧之间，你只能习惯它。

——德鲁·休斯顿，Dropbox 共同创办人

六 乐善好施

开创者为人慷慨，他们通过帮助他人、分享资讯、协助他人来完成任务，并为身边的人制造有趣的机会以增加自身的生产力。这便开启了善有善报的良性循环。

开创者不会用一个角度看待成功。在他们的眼中，成功除了做出令人惊艳的产品，也要关心顾客、同事与同仁，因此开创者时常做一些小小的善事，来建立人际关系和帮助他人。

这样的做事风格，十分符合一个相互联结的世界。助人素来是好事，在今日的世界，助人还可以是宝贵的竞争优势。

关键思维

我们正处于助人就是助己的时代，因为这个

世界如今更透明、更相互连接、更彼此依赖、更具效率。

——迈特·科勒，Benchmark创投投资人

简单来讲，在今日的世界，做个慷慨的人能帮你打开大门，也能鼓励更多人和你合作。你人脉越广，其他人就会越想和你合作，一同解决手边的问题。开创者一般会帮别人小忙，以便创造胜过单打独斗能得到的价值。

慷慨助人还能引发惊人的连锁反应。在许多领域，合作具有高度感染力，所有人都能受惠。

开创者以有效的方式助人，原则包括：

（1）决定要帮助的对象——他们通常帮助拥有相同价值观的人，例如Spanx创办人莎拉·布蕾克莉协助首次创业的女性踏出第一步，因为她也曾经处于相同境况。

（2）划定界限——清楚表明自己能提供多少时间。有的人一次提供15或30分钟，有的人只帮助问题与他们的专业领域有关的人。

（3）往来互动——他们不会只帮一次，接着就让人自生自灭，而会定期看你做得如何，并不断提供扶助。

一般来说，开创者不只是人好而已，他们还采取实际的行动，以有意义的方式帮助身边的人。他们把善意传播出去，引发连锁反应，最后善有善报。他们认为慷慨是一种技能，而且非常善于施展这种能力。

成功密码人人可为

总而言之，开创者从这 6 种基本技能着手，最后建立起相当成功的事业。每一种技能都很重要，各有各的用途。当它们全部集合在一起时，彼此相辅相成，将变成一股庞大的力量。

这 6 种技能并非特殊人士的独家专利。它们不是罕见的天赋，也不是仅被少数人拥有的才能，所有人都办得到。每一种技能都能被开发和培养出来。现在你知道成功密码了，下一次你想做点什么的时候，就可以开始运用。

开创者并非超人。事实上，许多人出身平凡，也没有什么特别的学识经历，他们只不过是运用了这套密码，重新界定自己看世界的方式，给生活带来新的点子。这是件很棒的事，因为这个世界渐渐不再试图解决复杂的难题，而是重新定义问题，从新的角度实现新的点子。

开创者发挥6种技能后，将产生一股强大吸引力。开创者会吸引盟友——员工、顾客、投资人，以及各式各样的合作伙伴。顾客会帮忙宣传，员工会死命效忠，投资人也会不计所得地支持公司。